Sonnenholzer · Die clevere Umsatzoffensive

Dieter A. Sonnenholzer

Die clevere Umsatzoffensive

Wie Sie versteckte Verkaufschancen konsequent nutzen

GABLER

Die Deutsche Bibliothek – CIP-Einheitsaufnahme
Ein Titeldatensatz für diese Publikation ist bei
Der Deutschen Bibliothek erhältlich.

Der Gabler Verlag ist ein Unternehmen der Fachverlagsgruppe BertelsmannSpringer.

www.gabler.de

Höchste inhaltliche und technische Qualität unserer Produkte ist unser Ziel. Bei der
Produktion und Verbreitung unserer Bücher wollen wir die Umwelt schonen: Dieses Buch
ist auf säurefreiem und chlorfrei gebleichtem Papier gedruckt. Die Einschweißfolie besteht
aus Polyäthylen und damit aus organischen Grundstoffen, die weder bei der Herstellung
noch bei der Verbrennung Schadstoffe freisetzen.

Die Wiedergabe von Gebrauchsnamen, Handelsnamen, Warenbezeichnungen usw. in
diesem Werk berechtigt auch ohne besondere Kennzeichnung nicht zu der Annahme, dass
solche Namen im Sinne der Warenzeichen- und Markenschutz-Gesetzgebung als frei zu
betrachten wären und daher von jedermann benutzt werden dürften.

Umschlaggestaltung: Schrimpf und Partner, Wiesbaden
Satz: FROMM MediaDesign GmbH, Selters/Ts.
Druck und buchbinderische Verarbeitung: Wilhelm & Adam, Heusenstamm
Printed in Germany

ISBN 3-409-11591-9

Inhalt

„Im Kleinen spart man's und im Großen wirft man's raus."
Abteilungsleiter

„Wenn ich für jeden Auftrag, den meine Verkäufer achtlos liegen lassen, eine Mark bekäme, hätte ich mich schon vor zehn Jahren als Millionär zur Ruhe setzen können."
Geschäftsführer eines Metallbauers

Vorwort: Vom verschenkten Umsatz

Haben Sie Geld zu verschenken?

Es ist erstaunlich, wie viel Umsatz verschenkt wird.

Alle Welt beklagt sich (zu Recht) über die schlechte Konjunktur, die überhöhten Tarifabschlüsse, die sinkenden Renditen, den knallharten Wettbewerb, die schwerwiegenden Standortnachteile des Wirtschaftsstandorts Deutschland und wie schwierig es heute geworden sei, in diesen hochdynamischen und satten Märkten überhaupt noch ein rentables Geschäft zu machen. Seit über zehn Jahren beraten wir Unternehmen aller Branchen und Größen, und seit über zehn Jahren hören wir diesen (berechtigten) Klagen aufmerksam zu. Und dann trifft uns regelmäßig der Schlag.

Kaum hat der Unternehmer, Geschäftsführer, Verkaufsleiter oder Verkäufer den Mund zugetan, fahren er oder seine Verkäufer hinaus, lassen die größten Aufträge links liegen, gehen an auftragswinkenden Kunden vorbei und heben das Geld nicht auf, das großzügig vor ihnen auf der Straße liegt. Da passt doch was nicht zusammen! Manche Unternehmen verschenken auf diese Weise ein Drittel ihres Umsatzes, manche ein Viertel, aber fast alle zumindest zehn Prozent. Warum tun sie das?

Weil sie nicht sehen, dass das Geld auf der Straße liegt, weil sie nicht sehen, *wo* es auf der Straße liegt, weil sie die versteckten Umsatzpotenziale nicht kennen.

Wir ahnen oft nicht, wo das Geld zu holen ist. Eben deshalb, weil die verborgenen Umsatzpotenziale gut versteckt sind. Wir gehen jeden Tag an ihnen vorüber, ohne sie zu bemerken oder – schlimmer noch – ohne sie anzapfen zu können. Aber sie sind da und Sie können sie anzapfen. zehn, zwanzig, dreißig Prozent mehr Umsatz warten auf Sie – wie lange noch wollen Sie sie warten lassen?

Warum einfach, wenn's auch kompliziert geht?

Spätestens jetzt, lieber Leser, sind Sie stutzig geworden. Dreißig Prozent mehr Umsatz? Das klingt unglaublich. Wissen Sie was? Das denken viele. Exakt jene, die auf dreißig Prozent Umsatz verzichten. Was machen jene Geschäftsführer und Verkaufsleiter? Sie sitzen nicht etwa herum und verzichten tatenlos auf ein Drittel Umsatz. Nein, sie sind äußerst aktiv. Sie kurbeln millionenschwere Werbekampagnen, Händleraktionen, Verkäuferwettbewerbe und was sonst noch alles an. Sie geben unglaubliche Preisnachlässe. Oder sie klagen darüber, dass sie als kleiner Mittelständler nicht mit der teuren Werbung der Großen mithalten können. Warum sollten sie auch? Warum sollten Sie Ihre knappen Ressourcen für teure und fragwürdige Werbekampagnen vergeuden, wenn Sie aus den stillen Umsatzreserven praktisch zum Nulltarif den doppelten Umsatz herausholen können?

Insbesondere die kleinen und mittleren Betriebe jammern: „Die Kleinen trifft's immer am härtesten." Na und? Wer klein ist, kann sich schneller bücken. Und wer sich bückt, wird reich: Das Geld liegt auf der Straße. Leider wissen viele Klein- und Mittelunternehmen nicht (auch viele großen nicht, aber die können es sich leisten), wo sie sich bücken müssen. Sie gehen an den offenen Umsatzpotenzialen achtlos vorbei und verausgaben sich stattdessen in kostspieligen Werbekampagnen oder holen sich teure Berater ins Haus (die die Umsatzpotenziale auch nicht finden oder anzapfen können, dafür aber fetten Umsatz machen – auf eigene Rechnung). Dabei gibt es mehr als genug Potenziale, die mit relativ geringem Aufwand und ohne den kostspieligen Rat eines Wirtschaftsakademikers aktiviert werden können. Man braucht dazu nur etwas Know-how und Hartnäckigkeit. Bringen Sie beides mit?

Der größte Witz, wenn man bei einer so ernsten Angelegenheit überhaupt von Witz sprechen kann, ist jedoch: Keines der zehn versteckten Umsatzpotenziale, denen Sie gleich begegnen werden, wird Ihnen neu sein. Keines der Potenziale wurde letzten Monat entdeckt.

Im Gegenteil, sie sind so alt wie das Verkaufen selbst. Das Geld liegt bereits seit Jahrzehnten auf der Straße. Da kommt man doch ins Grübeln:

- Wann heben Sie es endlich auf?
- Warum haben Sie es nicht schon früher aufgehoben?
- Was können Sie tun, damit das Geld von der Straße endlich in Ihre Taschen fließt?

Eine Frage der Strategie

Um eine Antwort auf diese Fragen vorwegzunehmen: Ob Sie den maximal möglichen Umsatz machen oder massig Umsatzpotenziale ungenutzt liegen lassen, hängt zum Großteil von Ihrer Verkaufsstrategie ab. Natürlich haben die wenigsten Unternehmen und Verkaufsleiter eine explizit formulierte Verkaufsstrategie. Aber eine implizite, stillschweigende, heimliche, seit längerem gewachsene hat jeder. Gemeinhin fällt jede Strategie in eine der drei Kategorien:

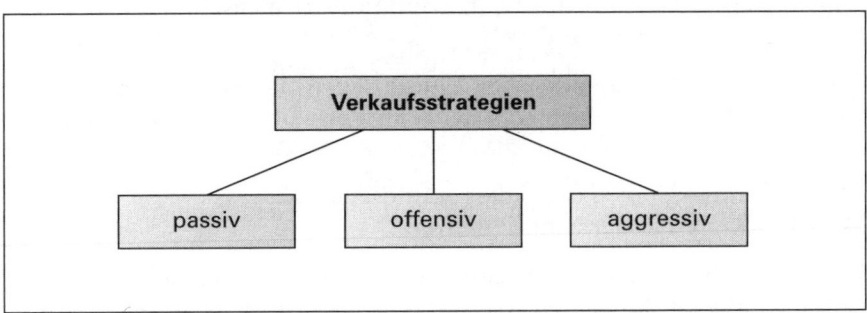

Ungefähr vierzig Prozent aller Unternehmen und Verkaufsleiter verfolgen eine passive Verkaufsstrategie. Sie pflegen ihre Stammkunden. Neukunden melden sich zu über 75 Prozent aus eigenem Antrieb beim Unternehmen. Pointiert könnte man diese Art des Marktaussitzens als „Stehen hinterm Tresen" bezeichnen. Die Nachteile der passiven Strategie liegen auf der Hand: Mehr und neuer Umsatz kommt selten zu dem, der wartet. Umsatz ist Holschuld, Umsatz gehört den Aktiven.

Bei der aggressiven Verkaufsstrategie stellt der Verkäufer den Fuß in die Tür und nimmt ihn erst wieder raus, wenn der Kunde unterschrieben hat. Hard Selling bringt zwar oft den Erstauftrag, aber selten den

Folgeauftrag, weil es die Beziehung zerstört und eine Gewinner-Verlierer-Konstellation aufbaut. Oft fliegt der (zu) aggressive Verkäufer schon beim Erstgespräch raus. Ungefähr vierzig Prozent der Verkaufsteams verkaufen (immer noch) aggressiv.

Weil beide Strategien auf Dauer zu großen Problemen führen, betreiben ungefähr zwanzig Prozent der Unternehmen eine offensive Marktbearbeitung. Sie gehen aktiv raus in die Märkte und kontaktieren dort so lange und so oft ihre Kunden, bis sie eine solide Beziehungsebene erreicht haben, die eine langfristige Lieferbeziehung ermöglicht. Um die Sache auf den Punkt zu bringen: Wer offensiv verkauft, lässt keines der zehn Umsatzpotenziale brachliegen.

Natürlich behauptet jeder Verkäufer und jeder Verkaufsleiter, offensiv zu verkaufen. Wenn dann auf Verkaufstrainings zehn Verkäufer aus zehn Unternehmen beisammensitzen, trennt sich jedoch schnell die Spreu vom Weizen, die Lippenbekenner von den wirklich Offensiven. Die Lippenbekenner outen sich schnell, indem sie bei einem, meist sogar bei mehreren der zehn Umsatzpotenziale sagen:

„Bei uns geht das nicht."
„Das haben wir auch probiert, das funktioniert nicht."
„Unser Markt ist ganz anders."

Gemäß unserer oben skizzierten Quote sagen dies bei dem einen oder anderen Potenzial ungefähr acht der zehn Verkäufer. Zwei der Verkäufer aber sagen:

„Also bei uns klappt das tadellos – und zwar alles."
„Wir beackern alle der zehn Potenziale."

Das macht die anderen acht natürlich stutzig. Wir vergleichen dann im Seminar: Haben die beiden Musterknaben etwa die besseren Gebiete? Die besseren Produkte, Führungskräfte, Branchenkonjunkturen ...? Und so viele Variablen wir auch prüfen, das Ergebnis ist immer gleich schockierend: Nein, haben sie nicht. Sie haben genau dieselben Marktverhältnisse wie alle anderen auch, manchmal sogar die härteren. Und trotzdem heben sie an zehn Stellen das Geld vom Boden auf, während andere es liegen lassen.

Offensive Verkäufer sind Verkäufer, für die es ein „Geht nicht" nicht gibt, die alle zehn Potenziale gnadenlos angehen und unbarmherzig die Potenzialbearbeitung durchziehen, bis das Geld sprudelt. Analog verhält es sich mit den Verkaufsleitern. Auch von den Führungskräften im Vertrieb ist jeder überzeugt: „Wir bearbeiten offensiv!" Wenn wir dann die zehn Umsatzpotenziale ansprechen, sagen wiederum zehn von zehn: „Das ist doch alles längst bekannt! Das machen unsere Verkäufer doch längst!" Und wieder irren sich acht von zehn. Denn wenn wir wirklich genauer analysieren, was die Verkäufer tatsächlich tun, sind die Verkaufsleiter schockiert: Sie lassen das Geld reihenweise auf der Straße liegen! Geschäftsführer und Verkaufsleiter nehmen zwar an, dass alle Verkäufer alle Potenziale bearbeiten, aber in der Regel tun das nur zwei von zehn – und leider ausgerechnet der Mitbewerb!

Dieses Phänomen zieht sich durch sämtliche Potenziale. Wenn wir im Training zum Beispiel das Potenzial Grenzstabilität anhand der Grenzsituation Einwandbehandlung bearbeiten, sagen Verkaufsleiter und Trainingsteilnehmer wie aus einem Munde: „Wissen wir, können wir, machen wir." Wenn wir dann tatsächlich im Rollenspiel einen erbosten Kunden hereinschicken, bekommt dieser als Erstes zu hören:

„Was? Das Gerät funktioniert bei Ihnen nicht? Das kann ja gar nicht sein!"

Peinlich, peinlich. Die meisten denken eben nur, dass sie offensiv verkaufen und Potenziale wie die Einwandbehandlung nutzen. Tatsächlich werden bei den meisten Verkäufern und Unternehmen von zehn Umsatzpotenzialen nur drei voll genutzt, vier liegen mehr oder minder brach und drei werden so gut wie überhaupt nicht bearbeitet. Welche sind es bei Ihnen?

Egal, ob Sie Geschäftsführer, Führungskraft oder Verkäufer sind: Bei jedem der folgenden zehn Umsatzpotenziale werden Sie sofort sagen: „Kenne ich, machen wir." Ach ja? Sind Sie sich sicher? Lesen Sie die Kapitel aufmerksam. Nehmen Sie in sich auf, was tatsächlich alles zum Anzapfen der Potenziale getan werden muss und dann schauen Sie sich Ihre Verkäufer an: Tun Sie das tatsächlich? Immer?

Wenn Umsatz auf der Straße liegen bleibt, liegt es niemals daran, dass die Leute nicht wüssten, wo er liegt. Es liegt immer daran, dass sie genau wissen, wo er aufgehoben werden müsste – aber sie tun es nicht. Das ist der springende Punkt. Umsatz kommt nicht von Wissen, sondern vom Handeln. Vom offensiven Handeln. Und erst wenn Sie sich absolut sicher sind, dass Ihr gesamtes Team offensiv den Markt bearbeitet, können Sie mit Fug und Recht behaupten: „Können wir. Machen wir." Bis es so weit ist, sollten Sie dafür sorgen, dass Ihr Team die Potenziale tatsächlich endlich anzapft, die es seit langem bereits als ausgereizt vorgibt.

Viel Spaß beim Aufstöbern und Anzapfen der versteckten Umsatzpotenziale!

*„Empfehlungsmarketing ist ein Paradoxon, denn es ist wirklich das
bekannteste Marketinggeheimnis der Welt."*
Ivan R. Misner

„Keiner traut der Werbung – und trotzdem macht jeder Werbung."
Ben Elton

1 Werbung zum Nulltarif: Empfehlungsmarketing

Kostenlos neue Kunden

Würden Sie an einem Hundertmarkschein vorübergehen, der auf der Straße liegt? Nie im Leben? Trotzdem machen das täglich Tausende Unternehmer, Geschäftsführer, Verkaufsleiter und Verkäufer.

Würden Sie auf kostenlose Werbung verzichten? Niemals? Tausende Unternehmer, Geschäftsführer, Verkaufsleiter und Verkäufer verzichten täglich darauf.

Jeder halbwegs brauchbare Verkäufer weiß, Empfehlungen sind die effektivste und effizienteste Werbung überhaupt. Über die normale Streuwerbung lacht der Kunde bloß. Empfehlung nimmt er dagegen ernst. Und: Empfehlungen sind gratis. Empfehlungen kosten nicht ein Tausendstel der herkömmlichen Werbung. Dafür sind sie tausendfach wirksamer.

Damit keine Missverständnisse entstehen: Werbung ist gut. Werbung ist sinnvoll für viele Zwecke: Bekanntheit, Image, großflächige Ankündigung und dergleichen.

Aber wenn Sie

- die Wirkung und
- die Kosten

von Werbung und Empfehlung vergleichen, dann müssen Sie kein Media-Experte sein, um festzustellen: Die Empfehlung ist tausendfach wirksamer als jede Werbung – und kostenlos obendrein! Das wissen Sie und das wissen Ihre Verkäufer. Warum handeln dann nur zwei von zehn Verkäufern danach?

Wie bequem sind Verkäufer?

Warum verzichten so viele Unternehmen auf die wirkungsvollste Art von Werbung überhaupt? Dazu das Originalzitat eines Geschäftsführers: „Empfehlungen? Wenn die Kunden zufrieden sind, werden sie schon welche schreiben." Dieser Mann hat keine Ahnung von Empfehlungs- marketing: Empfohlen wird man nicht, empfehlen lässt man sich. Wenn man nur darauf warten müsste, dass einem die Umsatzbringer in den Schoß fallen, dann könnte ja jeder verkaufen.

☑ **CHECKLISTE – Empfehlungen ankurbeln**

Wer empfohlen werden will, muss selbst dafür sorgen.

☐ Ist Ihren Verkäufern und Ihrem Verkaufsleiter dies in aller Schärfe klar?

☐ Kurbeln Ihre Verkäufer tatsächlich Empfehlungen an?

☐ Haben sie dazu das nötige Know-how (siehe unten)?

☐ Haben sie dazu die richtige Einstellung?

☐ Kann Ihr Verkaufsleiter Know-how und Einstellung vermitteln?

☐ Braucht er dazu externe Unterstützung?

☐ Fordert und fördert der Verkaufsleiter Empfehlungsmarketing?

☐ Fordert und unterstützt die Geschäftsleitung das Empfehlungs- marketing?

Wenn wir mit unserem Team in den unterschiedlichsten Branchen Verkäufer trainieren, hören wir beim Thema Empfehlungsmarketing immer wieder: „Ach, das wissen wir doch alle längst!"

Wenn wir dann beim Follow-up-Seminar fragen: „Na, wie viele Aufträge habt Ihr in den letzten drei Monaten über Empfehlungen gelandet?" herrscht betretenes Schweigen: Meist kam kein einziger Auftrag über Empfehlung zustande. Die Verkäufer wissen das alles längst. Aber sie tun's nicht. Warum nicht? Weil es für jeden vernünftigen und freizeit- orientiert denkenden Verkäufer viel einfacher ist,

- „mehr und bessere Werbung" zu verlangen,
- über die „zu hohen Preise" der eigenen Produkte,
- die „unfaire Konkurrenz",
- die „mängelbehafteten Produkte",
- die „Penner im Innendienst",
- das „unfähige Management"
- und was sonst noch alles

zu schimpfen, zu jammern und zu klagen, als zum Kunden zu gehen und zu sagen: „Bist du zufrieden mit mir? Dann empfiehl mich bitte!"

Das ist nicht einmal die alleinige Schuld der Verkäufer. Jeder Verkaufsleiter hat die Verkäufer, die er verdient. Wenn Sie oder Ihr Verkaufsleiter es zulassen, dass Ihre Verkäufer über Marketing klagen, anstatt Empfehlungen einzuholen, dann haben Sie's nicht anders verdient.

✓ TIPP ───────────────────────────────────────

Wer möchte, dass seine Verkäufer Umsatz machen, muss etwas dafür tun:
❑ Fordern Sie Empfehlungen ein?
❑ In ausreichendem Maße?
❑ Fördern Sie das Einholen von Empfehlungen?
❑ Controllen Sie das Einholen von Empfehlungen?

Einige Verkaufsleiter blättern bereits an dieser Stelle gelangweilt weiter: „Empfehlungen, pah, kenne ich. Gibt's nicht was Neues, Besseres?" Solche Kollegen wollen keinen Umsatz, sie wollen ein Patentrezept, nein, ein Schlaraffenland. Sie warten darauf, dass ihnen die gebratenen Umsatztauben zufliegen. Das sind meist auch Kollegen, die sich lieber auf allerlei „Aktionen" verlassen, als ihre Verkäufer zum richtigen Verkaufen anzuhalten. Sie haben eines nicht verstanden:

Im Verkauf gibt es keine Patentrezepte – sonst hätte schon längst jemand eines patentieren lassen. Verkauf ist Handwerk.

Die mündliche Empfehlung

Die einfachste Art der Empfehlung ist die mündliche Empfehlung. Wenn ein Kunde einwendet: „Aber mein Kollege Müller sagt, dass das nichts taugt!", dann kann der Verkäufer mit Engelszungen reden – der Kunde glaubt dem Kollegen, nicht dem Verkäufer. Wenn Müller dagegen empfiehlt, ist das Produkt schon verkauft, noch bevor der Verkäufer den

Mund aufmacht. Das wissen Verkäufer. Was viele nicht wissen, ist, dass ein guter Verkäufer nicht darauf wartet, dass Müller empfiehlt, sondern dass ein guter Verkäufer zu Müller sagt:

„Wenn Sie mit mir zufrieden waren, dann empfehlen Sie mich doch weiter. Das würde mich sehr freuen."

Ein Verkäufer, der seinen Namen verdient, wartet nicht auf Empfehlungen, er erzeugt sie selbst. Doch Vorsicht! Laufen Sie jetzt bloß nicht los und sagen Sie zu Ihrem nächsten Kunden:

„Wenn Sie mit mir zufrieden waren, dann empfehlen Sie mich doch weiter. Das würde mich sehr freuen."

✓ **TIPP** ──────────────────────────────

Wenn Sie wirklich noch glauben, dass Sie mit auswendig gelernten und brav aufgesagten Sprüchlein im Verkauf Erfolg haben, dann sollten Sie sich schleunigst nach einem anderen Beruf umsehen. Märchen erzählt man auswendig. Und das weiß der Kunde. Schauen Sie sich den Mustersatz an:

❑ Passt der überhaupt zu Ihnen?
❑ Wie würden *Sie* das ausdrücken?
❑ Mit welchen Worten?
❑ Modifizieren Sie den Satz so, dass er authentisch und echt klingt.

Ein Verkaufsleiter hat festgestellt (über die Kategorie „Wie wurden Sie auf uns aufmerksam?" auf dem Auftragsformular), dass einer seiner Spitzenverkäufer dreißig Prozent mehr Umsatz über Empfehlungen macht als seine Kollegen. Warum sprechen seine Kollegen diesen einen Satz nicht? Warum sprechen Ihre Verkäufer diesen Satz nicht? Denn jetzt kommt der Haken: Seine Kollegen benutzen diesen einen Satz nicht, obwohl sie ihn kennen! Einer sagt: „Was soll das? Das macht der Kunde ja doch nicht!"

Wenn ein Verkäufer derartigen Unfug behauptet, steckt meist etwas anderes dahinter. Was? Ein guter Coach findet das mit der richtigen Fragetechnik und etwas emotionaler Intelligenz schnell heraus. Was der Verkäufer meist meint, ist: „Ich weiß genau, dass meine Kunden nicht zufrieden (mit mir!) sind, also traue ich mich nicht, eine Empfehlung zu erbitten."

Man merkt daran: Gute Verkäufer brauchen gute Coaches. Selbst einen so einfachen Satz bringt der Normalverkäufer nicht über die Lippen, wenn ihn sein Verkaufsleiter nicht dabei unterstützt. Als der Verkaufsleiter besagten Unternehmens herausfand, was seine Verkäufer vom Empfehlungsmarketing abhielt, rief er sein Team zusammen und sagte: „Ihr hört nicht richtig zu. Der Satz lautet: 'WENN Sie zufrieden sind ...' Also sagt ihn zu jedem Kunden und lasst den Kunden selbst entscheiden, ob er zufrieden ist." Inzwischen trauen sich einige Verkäufer mehr, den Satz zu sagen.

✓ **TIPP** ───

Sie sollten in Ihrem Team einen coachenden Verkaufsleiter haben, um Empfehlungsmarketing zu aktivieren.

❑ Haben Sie einen?
❑ Sind Sie einer?

Es gibt eine weitere Formulierung, um an Empfehlungen heranzukommen – die spezifische mündliche Empfehlung:

„Kennen Sie einen Geschäftspartner, Lieferanten oder Kunden, der auch ein X brauchen könnte? Würden Sie uns empfehlen?"

So einfach ist es, Umsatz zu machen. Wie viele Ihrer Verkäufer schaffen das nicht? Viele Verkäufer trauen sich nicht, diese Frage zu stellen, weil sie glauben, dass die Frage dem Kunden so peinlich ist wie dem Verkäufer. Das Gegenteil ist der Fall. Aber auch das muss ein kompetent coachender Vorgesetzter dem Verkäufer erst klarmachen: Es gibt nichts auf der Welt, was ein zufriedener Kunde lieber tut, als über sein Erfolgserlebnis zu reden: „X gekauft, super Apparat, musst du auch mal probieren!" Also warum sollte ein Verkäufer ihn nicht um etwas bitten, was er ohnehin schon tut? Er sollte es lediglich dann nicht tun, wenn

● der Kunde erkennbar unzufrieden ist,
● der Draht zum Kunden nicht gut ist.

Doch diese beiden Indikatoren sind für jeden Verkäufer ohne weiteres erkennbar. Natürlich kennt nicht jeder Kunde einen Interessenten. Dann sagt der Verkäufer eben: „Macht nichts. Ich wollte nur mal fragen."

Die spezifische Empfehlung ist nichts anderes als eine Umsatz-Zusage. Wieder sind die Verkäufer-Bedenken unbegründet: „Der Kunde hat doch gar keine Zeit und keine Lust, mich woanders zu empfehlen!" Das ist Unfug:

Zwanzig Prozent der Kunden kennen keinen Interessenten.
Zwanzig Prozent kennen welche, haben aber keine Zeit/Lust, zu empfehlen.

Zwanzig Prozent haben keine Zeit, melden aber immer wieder zurück: „Entschuldigung, noch nicht dazu gekommen, aber ich mache das ganz sicher noch!"
Zwanzig Prozent empfehlen wie zugesagt.
Zwanzig Prozent kommen trotz wiederholter Beteuerung nicht dazu

Das ist eine Super-Quote: Vierzig Prozent der Kunden empfehlen letztlich.

Nicht immer springt bei der spezifischen Empfehlung ein Besuch heraus. Doch meist sagt der empfehlende Kunde auch, weshalb. Dann weiß der Verkäufer wenigstens, warum zu diesem Zeitpunkt die Akquise ungünstig ist. Doch wann immer die Empfehlung in einen Termin mündet, haben Sie einen neuen Interessenten, der Ihnen sehr viel geringeren Widerstand entgegenbringen wird, weil Sie ja empfohlen wurden.

✓ **TIPP** ———————————————————————————

- ❑ Fordern Sie von Ihrem Außendienst klipp und klar die spezifische mündliche Empfehlung.
- ❑ Fördern Sie sie.
- ❑ Trainieren Sie sie, wenn nötig.
- ❑ Controllen Sie sie.
- ❑ Belohnen Sie sie.

Spitzenverkäufer praktizieren die spezifische Empfehlung meist perfekt. Sie verkaufen nicht mehr. Sie lassen verkaufen. Sie haben ein so dicht geknüpftes Netz von Empfehlungsgebern, dass sie kaum noch mit Besuchen nachkommen. Akquirieren müssen sie schon lange nicht mehr, weil ständig ein Netzwerkpartner anruft und sagt: „Du, besuch mal den Meier, ist ein neuer Kunde von mir. Ich hab gesagt, du kommst in den nächsten Tagen vorbei." Das nennt man neuerdings auch: Networking. Ich nenne es: Umsatz machen. Und ich frage Sie:

- ● Warum machen das nur Ihre Spitzenverkäufer?
- ● Warum nicht alle Verkäufer?
- ● Warum halten Sie nicht alle Verkäufer dazu an, ein Netzwerk aufzubauen?

Doch nicht nur die Verkäufer lassen Umsatz auf der Straße liegen. Auch die Verwaltung. Die Verwaltung kann Umsatz generieren? Aber sicher. In einem modernen Unternehmen ist jeder ein Verkäufer, denn jeder hat täglich mit potenziellen Kunden zu tun:

„Wenn Sie zufrieden mit uns waren, dann empfehlen Sie uns weiter!"

Haben Sie diesen Satz schon irgendwo auf einer deutschen Rechnung gesehen? Auf Ihren Rechnungen? Warum nicht? In Amerika ist dieser Satz Standard. Wenn daraufhin nur ein einziger Auftrag mit tausend Mark hereinkommt – weshalb wollen Sie diese tausend Mark verschenken? Ein Buchhalter, der für den Rechnungsausdruck zuständig ist, sagte mir einmal: „Warum sollten die Kunden das tun?" Weil ein bestimmter Prozentsatz von Menschen, die zufrieden mit Ihnen sind, das tun, worum Sie sie höflich bitten!

Normalverkäufer werden selten empfohlen. Spitzenverkäufer dagegen werden so stark empfohlen, dass sie kaum noch selber akquirieren (müssen). Ihre Kunden tun das für sie und sie tun es sogar gerne! Das ist auch der Grund, weshalb sie es überhaupt tun: Es macht ihnen Spaß. Der Spaß kommt nicht von ungefähr. Der Verkäufer selbst sorgt dafür. Er belohnt Empfehlungen. Bestechung? Prämie? Provision? Nein, nur Beziehungspflege. Sobald der Spitzenverkäufer erfährt, dass sich ein Interessent aufgrund einer Empfehlung meldet, gibt er dem Empfehlungsgeber Rückmeldung und bedankt sich für die Empfehlung. Das ist Incentive genug!

Ein norddeutscher Verkäufer für elektronische Kleingeräte geht sogar noch weiter. Er vergibt tatsächlich materielle Incentives. Wann immer er erfährt, dass ein Kunde auf Empfehlung eines anderen Kunden anruft oder ordert und er glaubt, dass der empfehlende Kunde gut für weitere Empfehlungen ist, besucht er diesen Kunden bei Gelegenheit (ohne Bruch in der Tourenplanung, versteht sich) und sagt:

„Ich habe erfahren, dass Sie uns der Firma Y empfohlen haben. Das freut mich natürlich. Vielen Dank. Und weil es mich so freut, dass Sie uns weiterempfehlen, habe ich Ihnen hier als kleines Dankeschön für Ihre Empfehlung ein Geschenk mitgebracht."

Das Geschenk ist ein Buch oder ein Bild oder sonst irgendetwas, von dem der Verkäufer weiß, dass es dem Hobby oder den Interessen des Kunden entspricht. Wissen Sie, was damit passiert? Wann immer der Kunde das Geschenk in die Hand nimmt, wird er daran erinnert, dass er weitere Empfehlungen aussprechen soll. Denn gemacht wird, was belohnt wird. Belohnen Ihre Verkäufer Empfehlungen? Warum nicht?

Die schriftliche Empfehlung

Der Verkäufer an sich ist eine seltsame Spezies. Er kann sich stundenlang darüber beklagen, dass die Kunden

- misstrauisch sind,
- riesige Überzeugungsarbeit erfordern,
- kaum Loyalität zeigen und nur mit großer Mühe zum Abschluss zu bewegen sind.

Das sind exakt jene Punkte, an denen Empfehlungen weiterhelfen. Empfehlungen öffnen Türen. Wenn Sie mit einer guten Empfehlung ins Gespräch gehen,

- bringen die Kunden Ihnen starkes Vertrauen entgegen,
- lassen sie sich leichter überzeugen,
- verhalten sie sich loyaler und unterschreiben leichter.

Mündliche Empfehlungen sind ein absolutes Muss. Kein Normalverkäufer darf ohne die spezifische Empfehlungsfragen das Kundengespräch verlassen. Spitzenverkäufer warten jedoch nicht, bis ein zufriedener Kunde sie mündlich weiterempfiehlt. Sie holen sich diese Empfehlung schriftlich. Sie haben immer eine Sammlung Referenzen bei sich, die sie neuen Gesprächspartnern zeigen können. Wie kommt man an solche Empfehlungsschreiben? Wenn der Kunde zufrieden ist, schreibt er meist, wenn man ihn freundlich darum bittet. Wählen Sie für Empfehlungsschreiben vorwiegend Kunden, die

- sehr zufrieden bis begeistert sind,
- sich als Referenzgeber wegen ihres Renommees eignen,
- sich dazu bereit erklären.

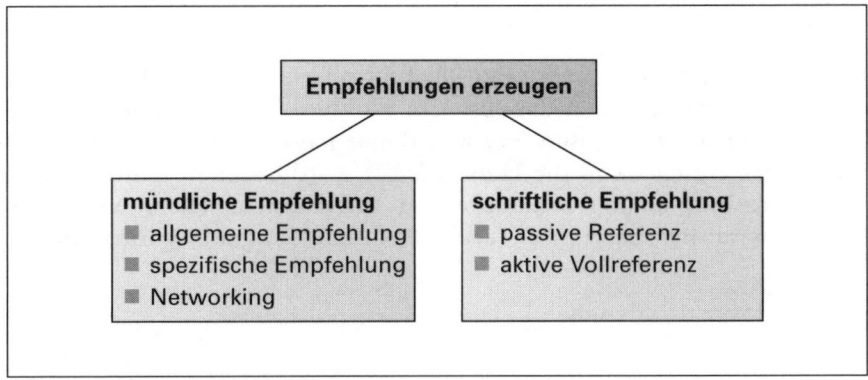

Fragen kostet nichts, sofern der Verkäufer dem Kunden deutlich signalisiert, dass er nicht muss, wenn er nicht will. Es wirkt anregend auf den Kunden, wenn der Verkäufer ihm Kopien einiger bislang gesammelter Schreiben mit namhaften Adressen (nicht unbedingt aus derselben Branche) gibt. Vorbilder motivieren zum Nachmachen.

Es gibt Verkäufer, die diese Schreiben sogar selbst aufsetzen und den Kunden bloß noch (mit kleinen Änderungen) unterschreiben lassen. Der eine Kunde schreibt gerne, der andere braucht Unterstützung dabei. Ein guter Verkäufer kennt seine Kunden am besten.

☑ **CHECKLISTE – Empfehlungsschreiben**

☐ Der Dank oder die Freude über ein Produkt oder eine Dienstleistung leitet das Schreiben ein.

☐ Klarer Bezug: um welches Produkt geht es genau?

☐ Welche zwei oder drei Nutzen zieht der Kunde daraus?

☐ Was gefiel ihm besonders gut an der Zusammenarbeit?

☐ Warum kann er das Produkt empfehlen? Die abschließende Empfehlung kann explizit sein: „... kann Sie nur wärmstens weiterempfehlen..." oder implizit: „... wir sind wirklich froh, uns für Sie entschieden zu haben ..."

☐ Stil: auf keinen Fall aufgesetzt, sondern natürlich, authentisch, spezifisch. Der Leser muss denken: „So schreibt eben ein (Maler, Maurer, Eigenheimbesitzer, ...)."

☐ Vermeiden Sie auf jeden Fall Referenzkiller wie erkennbare Standardbrief-Floskeln, Übertreibungen, gestelzter Stil, unklare Formulierungen, Bürokratendeutsch, Werber-Slang.

☐ Eine Referenz wirkt, wenn sie ganz persönliche Stilelemente enthält, auch emotional ist und vor allem nicht schummelt. Mogeleien im Brief platzen spätestens, wenn der Interessent den Briefinhalt mit der Produktrealität vergleicht.

Die aktive Vollreferenz

Eines der wirksamsten Mittel des Empfehlungsmarketings ist die aktive Vollreferenz. Bei der passiven Referenz schreibt der Kunde etwas Nettes, was dem Verkäufer bei anderen Interessenten Tür und Tor öffnet und Kaufwiderstände niederreißt. Die aktive Vollreferenz ist noch stärker: Der Referenzkunde schreibt nicht nur etwas Nettes, er lässt sich auch von Interessenten anrufen und/oder besuchen. Noch stärker als die schriftliche Empfehlung wirkt ein Referenzbesuch. Der Verkäufer holt die Einwilligung eines geeigneten A-Kunden ein, führt den Interessenten beim Kunden herum und lässt Kunde und Interessent über die Erfahrung mit dem Produkt plaudern. Der A-Kunde ist von Produkt oder Dienstleistung überzeugt, und bald ist es auch der Interessent. Denn nichts ist ansteckender als Überzeugung. Ihre Spitzenverkäufer wissen das.

✓ **TIPP**

Wenn Sie als Geschäftsführer clever sind, nutzen Sie A-Vollreferenzkunden noch für einen anderen Zweck: Versammeln Sie ein halbes Dutzend von ihnen zum Abendessen, haben Sie den perfekten Kundenbeirat.

Dies ist die kostengünstigste und effektivste Art, sich Unternehmensberater ins Haus zu holen. Denn diese Berater sind viel praxiskompetenter als jeder Unternehmensberater, weil sie über jahrelange Erfahrung mit Produkt, Service und Unternehmen verfügen und manchmal die Produkte und deren Stärken und Schwächen besser kennen als die Verkäufer und Entwickler des Unternehmens zusammengenommen. Auf jeden Fall kennen sie sie besser als jeder Unternehmensberater.

Erfolgsbeispiel: Empfohlener Umsatz

Nur wenige Unternehmer und Geschäftsführer treten ihren Verkäufern so lange auf die Füße, bis diese Empfehlungen und Vollreferenzen einsetzen. Diese wenigen Unternehmen verdienen sich mit Empfehlungsmarketing eine goldene Nase. Der Inhaber eines kleinen Fertighausbauunternehmens, das ökologische Holzhäuser baut, weiß, dass gute Empfehlungen barer Umsatz sind. Er freut sich über jeden vorzeigbaren, umsatzwirksamen Kundenbrief: „Ich bekomme sogar Dankschreiben von Kindern!" Durch den systematischen Einsatz von Referenzen konnte das Unternehmen in den letzten Jahren den Umsatz zweistellig steigern.

Eine Umsatzsteigerung in dieser traumhaften Größenordnung ist normal, wenn die Referenzen gut sind. Der Inhaber: „Nur eine überzeugende Referenz verkauft auch. Der Stil darf nicht aufgesetzt wirken, er muss ganz natürlich sein." Eben so, wie ganz normale Leute schreiben – im Gegensatz zu Werbeleuten!

Der Unternehmer weiß auch, wie man die aktive Vollreferenz möglichst wirksam einsetzt: „Sie sollten sich Ihre Vollreferenzkunden sorgfältig aussuchen. Vielredner oder chronische Skeptiker verwirren den Interessenten." Der A-Vollreferenzkunde muss verlässlich, ehrlich und überzeugend sein. Was viele Verkäufer und Geschäftsführer fürchten: Referenzkunde und Interessent könnten sich beim Referenzbesuch über Konditionen austauschen. Dazu der Holzhaus-Unternehmer: „Ich kann natürlich nicht verhindern, dass Interessent und Kunde über Konditionen plaudern. Aber ich kann verhindern, dass Kunden bevorzugt behandelt werden, nur weil sie rhetorisch geschult sind. Wir bauen Qualitätshäuser – und gleiche Qualität kostet immer gleich." Wer also auf den Umsatztreiber „Referenz" verzichtet, nur weil er keinem Bittsteller einen Rabatt abschlagen kann, ist selber schuld. Er verzichtet auf Umsatz, nur weil er seine Spanne nicht durchsetzen kann. Das spricht nicht gerade für die Verhandlungsstärke seines Außendienstes.

☑ **CHECKLISTE – Empfehlungsmarketing**

❑ Betreiben Sie und Ihre Verkäufer professionelles Empfehlungsmarketing?

❑ Arbeiten Ihre Verkäufer ausreichend mit Empfehlungen?

❑ Wie viele? Wie viele nicht? Wie viele nicht ausreichend?

❑ Wissen Sie das aus der Beobachtung oder vermuten Sie das?

❑ Verfügt jeder Verkäufer über eine Empfehlungsmappe mit ausreichend Empfehlungen für jedes/die wichtigsten Produkt/e, jede/die wichtigsten Zielgruppe/n, alle/die wichtigsten Bedarfssituationen?

❑ Verfügt jeder Verkäufer über ausreichend Vollreferenzkunden?

❑ Was können Sie tun, damit mehr Verkäufer stärker mit Empfehlungen und Vollreferenzen arbeiten?

❑ Brauchen einige Verkäufer sprachliche Unterstützung bei der Formulierung von Empfehlungsschreiben?

❑ Brauchen Sie externe Unterstützung, um Verkäufern (und Verkaufsleitung) Bedeutung und Einsatz von Empfehlungsmarketing zu verdeutlichen?

Wer rastet, der rostet.
Bekanntes Sprichwort

*„Unternehmen machen ihre Fehler nicht, wenn es ihnen schlecht geht.
Sie machen Fehler, wenn es ihnen gut geht."*
Alfred Herrhausen

2 In guten wie in schlechten Zeiten: Permanente Akquisition

Satt akquiriert nicht gut

Dass Sie und Ihre Verkäufer mit Empfehlungen Umsatz machen können, wussten Sie schon vorher. Dazu brauchen Sie kein Buch, dazu brauchen Sie mich nicht. Wir alle wissen ganz genau, wo die versteckten Umsatzpotenziale liegen. Aber wir lassen sie dort liegen. Warum? Das ist die interessante Frage.

Wenn es so leicht ist, mit Empfehlungen an Aufträge zu kommen – warum tun es dann unsere Verkaufsleiter und Verkäufer nicht? Das Geld liegt offen auf der Straße, ach was, es liegt noch nicht mal so tief unten. Es liegt hüfthoch auf dem Schreibtisch. Man braucht sich nur dranzusetzen, einige Empfehlungen anzuleiern und schon rollt der Rubel. Aber wir tun es nicht. Und bei der nächsten Umsatzfundstelle wird das aller Wahrscheinlichkeit genauso sein. Warum? Bevor wir das nicht geklärt haben, nützt es Ihnen nichts, wenn wir das nächste versteckte Umsatzpotenzial aufdecken.

Erinnern Sie sich noch an Ihre Anfangszeiten? An die Anfangszeiten Ihres Unternehmens? Wie mobil und aktiv wir da waren. Sind wir „damals", in den guten alten Tagen nicht jedem kleinen Auftrag nachgelaufen, für 'n Appel und 'n Ei? Inzwischen haben wir das nicht mehr nötig, zum Glück. Glück? Das ist die größte Katastrophe überhaupt.

Hören Sie sich doch mal um. Wer jammert am heftigsten über den angeblich so schlechten Standort Deutschland, den wegbrechenden Markt und den knallharten Mitbewerb? Das sind die Unternehmen, Verkaufsleiter und Verkäufer, denen es bis vor nicht allzu langer Zeit noch glänzend ging. Und plötzlich bricht der Markt weg. Der Markt bricht weg? Der Markt für Zimmerantennen ist weggebrochen und der Markt für Vinyl-Schallplatten. Alle anderen Märkte sind noch da. Sie verändern sich zwar, aber wer tut das nicht? Das Geld liegt nach wie vor auf der Straße – wie zu Gründerzeiten. Am Geld und an den Straßen hat sich nichts geändert – *wir* haben uns geändert. Verkäufer und Geschäftsleute müssen hungrig sein. Wir aber sind satt geworden. Wir sehen die Gelegenheiten nicht mehr und wir bücken uns nicht mehr nach ihnen. Weil wir es nicht mehr gewohnt sind. Wir sind es gewohnt (gewesen), dass uns die Aufträge in Augenhöhe mundgerecht auf dem Silbertablett serviert wurden. Deshalb sind wir blind für die versteckten Umsatzpotenziale geworden. Und diese Sattheit hat eine wahre Höllenmaschine in Gang gesetzt.

Höllenmaschine Antizyklik

Schauen Sie sich mal um. Was macht ein Unternehmen, wenn es in Bedrängnis gerät? Es wird aktiv. Merken Sie was? Gerät ein Unternehmen in Bedrängnis, wird plötzlich offensiv verkauft, Kundenorientierung betrieben und Werbung gemacht. Die Leute sind dabei ungeheuer stolz auf ihren hektischen Aktivismus. Doch Sie und jeder interessierte Beobachter fragen sich:

Jetzt geht es plötzlich – warum nicht früher?

Denn jetzt ist es zu spät. Jetzt schlägt das Phänomen der Antizyklik zu. Antizyklik ist kein Medikament für Herzpatienten. Es beschreibt ein Verhalten, das sich entgegengesetzt zum Marktverhalten (Marktzyklus) bewegt. Die meisten Unternehmen werben antizyklisch: Wenn's ihnen gut geht, lassen sie viele Aktivitäten einschlafen; wenn's ihnen schlecht geht, wird geklappert und offensiv verkauft. Doch dann zu werben, wenn man es nötig hat, bringt nicht mehr viel. Denn antizyklische Aktivitäten kommen mit eingebauter Selbst-Sabotage:

- Wer heute wirbt, kann eine Werbewirkung erst überüberübermorgen erwarten. Das ist der Time lag: Werbung wirkt immer mit Zeitverzögerung. Daher der alte Werberspruch: Einmal ist keinmal. Eine Schwellenwert-Daumenregel sagt: Ein Interessent braucht sieben bis zehn Kaufimpulse, bis er kauft. Und da täglich bis zu 10 000 Kaufimpulse auf ihn einstürmen, braucht das seine Zeit.

- Wer erst aktiv wird, wenn es ihm schlecht geht, geht einbeinig an den Start. Denn sein Know-how ist veraltet, seine Akquisition hat Rost angesetzt, die Kontakte sind erkaltet. Man verlernt es ganz einfach, das Verkaufen, wenn man es nicht ständig verbessert.

- Die Verkäufer stehen unter einem Riesendruck, wenn sie, nach Jahren des trägen Dahintreibens, plötzlich verkaufen und aktiv werden müssen. Verkäufer brauchen (manchmal) Druck, doch dieser Druck verursacht Existenzangst: Er ist zu groß.

Antizyklik funktioniert nicht. Schauen Sie sich um, prüfen Sie die eigene Erfahrung. Was funktioniert, ist ein altes Verkäufersprichwort: „Akquiriere in der Zeit, dann hast du in der Not." Das Schlimmste, was man in guten Zeiten tun kann, ist, es sich gut gehen zu lassen. Damit legt man sich selbst die Schlinge um den Hals, die der Markt bei seinem nächsten Absturz zuzieht. In guten Zeiten geht es allen gut, in schlechten nur den Guten. Gut ist, wer nicht nur klappert, wenn es ihm schlecht geht, sondern wer nie aufhört zu akquirieren. Das Schlüsselwort heißt: permanente Akquisition.

Sicher fallen Ihnen noch ein halbes Dutzend anderer Anzeichen für sporadische, schlappe, antizyklische Akquisition ein. Traurig, nicht? Da hat man nun Verkäufer und was machen sie? Sie verkaufen nicht. Warum nicht? Wie motivieren Sie Ihren Außendienst, permanent zu akquirieren?

☑ CHECKLISTE – Wie schlapp ist Ihre Akquisition?

Für eine schlappe, sporadische Akquisition gibt es Indizien. Welche davon erkennen Sie wieder?

☐ Der Kunde ruft im Innendienst an und fragt: „Wann besucht mich mein Verkäufer mal wieder?" Der Innendienst schaut den Besuchsplan an und sagt: „Wieso? Der war doch erst letzte Woche bei Ihnen!" „Bei mir? Davon wüsste ich!" Wie oft passiert das Ihrem Außendienst? Zu oft?

☐ Bei einem Werkzeugbauer stellt der Inlandscontroller fest, dass neunzig Prozent der Neukunden nicht vom Außendienst akquiriert werden, sondern sich aus eigenen Stücken beim Innendienst melden. Woher kommen Ihre Neukunden? Über den Außendienst oder von alleine?

☐ Es gibt viele gute Kunden, die ihren Verkäufer zum letzten Mal vor Monaten gesehen haben. Der Verkäufer sagt: „Wieso besuchen? Der bestellt doch immer treu und brav." Wissen Sie, wen Ihre Verkäufer wann und wie häufig besuchen?

☐ Auf Seminaren fragen mich Verkäufer immer: „Wie mache ich mehr Umsatz?" Ich frage: „Was verkaufen Sie denn?" „Wir machen X." „Mmh, fünf Kilometer vor dem Seminarhotel ist die Firma Y. Könnte die Ihr X brauchen?" „Ja, natürlich!" „Dann besuchen Sie die doch mal!" Beim Folgeseminar frage ich den Verkäufer: „Und? Y besucht?" „Nö, keine Zeit gehabt." Keine Zeit für Umsatz, wenn er ihn braucht (sonst hätte er nicht gefragt)? Nein! Angst vor der Kaltakquise. Also Angst vor dem, weshalb und wofür er eingestellt wurde.

☐ Unausgewogene Zielgruppen-Verteilungen sind ein Hinweis auf Akquisitions-Anämie. Ein Unternehmen für Bauzubehör verkauft 80:20 an Händler und Firmen, obwohl das Verhältnis beider Kundengruppen exakt umgekehrt ist, und obwohl es keine Strategie gibt, die Händler bevorzugt. Als der Vertriebschef nachbohrt, stellt er fest, dass die Verkäufer einfach „nicht gerne" an Firmen verkaufen. Händler sind ihnen lieber. Lieber als Umsatz?

☐ Spitzenverkäufer sammeln nicht nur Aufträge, sie sammeln auch Interessenten, die sie sich in guten Zeiten „ansparen", um sie in schlechten bearbeiten zu können. Im Schnitt stehen vierzig bis hundert Besuchsadressen auf den Listen, mit Details zu Interessen, Firmengröße, Bedarfslage, Anknüpfungspunkten. Wie viele Ihrer Verkäufer haben wie viele davon?

Gewissensfragen für Verkäufer

Grämen Sie sich nicht allzu sehr, selbst wenn Sie Verkäufer sind. Dass man nicht permanent akquiriert, ist in Deutschland ganz normal. In über zehn Jahren habe ich mehrere Tausend Verkäufer trainiert. Auf nur einem einzigen Seminar sagte ein Teilnehmer: „Übrigens, wir machen tolle Z – brauchen Sie nicht auch eines für Ihr Büro?" Ich war begeistert.

Ich bin in so vielen tollen, schönen Hotels unterwegs. Meinen Sie, ich habe auch nur ein einziges Mal den Satz bei der Verabschiedung gehört: „Vielen Dank für Ihren Besuch. Wann dürfen wir Sie wieder als Gast begrüßen?" Und diese Häuser haben alle ihre/n Sales Manager. Was machen sie, wenn sie ganz offensichtlich keine Sales machen? Über den schleppenden Umsatz klagen. Das ist natürlich einfacher als zu akquirieren. Ich frage mich dann immer: Wissen das die Geschäftsführer? Wissen die, was ihre Verkäufer da treiben? Und wenn sie es nicht wissen, womit rechtfertigen sie ihren Verbleib in ihrem Job?

Ich habe viele Bank- und Finanzberater in meiner Bekanntschaft. Warum hat noch keiner zu mir gesagt: „Übrigens, wir haben gerade eine superrentierliche Anlage. Komm doch mal vorbei."? Ich bin all diesen Menschen in wirklich freundschaftlicher Weise verbunden. Aber manchen lege ich ihnen folgende Fragen ans Herz:

Gewissensfragen für Verkäufer

1. Warum traue ich mich nicht, fremde Leute auf mein Produkt oder meine Dienstleistung anzusprechen?
2. Wie überzeugt bin ich denn eigentlich (noch) von dem, was ich verkaufe(n muss)?
3. Wie motiviere ich mich selbst? Und tue ich's oder warte ich darauf, dass es der Verkaufsleiter tut?
4. Wie viel Initiative entwickle ich (noch)? Bin ich noch Macher oder schon Verwalter?

Arbeiten Sie als Verkäufer an diesen Fragen! Diese Gewissensarbeit bringt viel mehr als das Feilen an Gesprächstechniken oder das Hoffen auf Patentrezepte. Denn die beste Technik nutzt nichts, wenn diese vier Fragen nicht stimmig beantwortet werden. Was müssen Sie tun, um befriedigende Antworten zu bekommen? Was fehlt? Was müssen Sie ändern? Als Verkaufsleiter sollten Sie mit diesen Fragen Ihre Verkäufer coachen. Das sind die Schlüsselfragen, die über sporadische oder permanente Akquisition entscheiden. Für eine beiderseits befriedigende Klärung der Fragen sollten Sie über Coaching-Kompetenz verfügen, denn diese Fragen gehen jedem Verkäufer wirklich nahe.

☑ **CHECKLISTE – Der permanent akquirierende Verkäufer**

Sind Sie ein permanent akquirierender Verkäufer? Wie viele davon haben Sie im Team?

Ein permanent akquirierender Verkäufer

❑ ist fähig, pausenlos und bei jeder erdenklichen Gelegenheit neue Kontakte herzustellen. Wann war Ihr letzter neuer Kontakt?

❑ kann ein funktionierendes Beziehungsmanagement aufbauen. Wann haben Ihre Kunden zum letzten Mal von Ihnen gehört?

❑ geht dabei ungewöhnliche Wege (siehe unten).

❑ weiß, dass das Gesetz der großen Zahl gerade auch im Verkauf gilt (siehe unten).

❑ wartet nicht darauf, dass der Kunde einen Wunsch äußert, sondern *weckt* Wünsche: „Könnten Sie nicht auch ein Y brauchen?".

❑ lehnt sich nach erhaltenem Auftrag nicht zufrieden zurück, sondern fragt sich sofort: Und was braucht der Kunde noch, zusätzlich, außerdem? Wie geht's jetzt weiter? (siehe Kapitel 3).

❑ ist nicht „$"-blind (siehe unten).

Permanent akquirierende Verkäufer gehen ungewöhnliche Wege

Neulich sprach mich jemand auf einer Party an. Ich war verblüfft. Er machte das weder aufdringlich noch „verkäuferisch". Er sagte ganz einfach: „Übrigens, wenn wir gerade über Innenausstattung reden. Wie steht es mit Ihrer Büro-Ausstattung? Wie alt ist sie denn?" Wir redeten eine Weile über den Verschleiß von Büromöbeln, dann gab er mir seine Karte. Er hat einen Interessenten gewonnen und möglicherweise bald einen Kunden. „Auf einer Party? Das ist Freizeit. Dienst ist Dienst und Schnaps ist Schnaps", kommt der Einwand des Normalverkäufers. Guter Einwand. Wie, glauben Sie, hat dieser Party-Verkäufer Gewissensfrage

Nr. 2 beantwortet? Wer von dem, was er tut, überzeugt ist, macht keinen Unterschied zwischen Freizeit und Arbeitszeit, weil ihm sein Beruf Spaß macht. Er macht es gern – nicht weil er muss. Permanente Akquisition ist keine Technik, sondern eine Einstellung. Und an Einstellungen kann man arbeiten. Arbeiten Sie daran? Tun es Ihre Verkäufer? Wann? Wie oft (möglichst täglich)? Helfen Sie ihnen dabei? Erfolgreich?

Auf einer Messe stehen viele Menschen hinter ihren Ständen. Einige verlassen ihre Stände, gehen herum, besuchen andere Stände und sagen: „Hey, einen tollen Stand haben Sie da. Ich selbst vertreibe X – könnten Sie sich eine Zusammenarbeit vorstellen?" Clevere Idee, nicht? Eine Verkäuferin für Kopiersysteme hat auf diese Weise schon die tollsten Kooperationen initiiert. Warum kann sie das und die meisten Verkäufer nicht? Weil sie gelernt hat – damit wird niemand geboren – auch Ablehnung zu akzeptieren: „Nein? Okay, wollte nur mal fragen." Die meisten fürchten sich derart vor Ablehnung, dass sie gar nicht erst fragen. Von einem Verkäufer kann jedoch verlangt werden, dass er Ablehnungsresistenz trainiert. Verlangen Sie es von sich, von Ihren Verkäufern? Übrigens, wer Gewissensfrage Nr. 2 mit „sehr" beantwortet, wird mit Ablehnung leichter fertig.

Ein anderer Verkäufer schreibt seinen Kunden, die er nicht alle so häufig besuchen kann, wie er es für nötig hält, kleine Briefe. Gerade dann, wenn er so viel Umsatz macht, dass er keine Zeit und keine Nerven für Akquise hat. Er schreibt dann nicht, um zu akquirieren, sondern um seine Kontakte „warm zu halten", damit sie bereit sind, wenn er wieder akquirieren muss. Da diese Briefe dank seiner guten Beziehungspflege immer auch Persönliches enthalten, sind es oft die einzigen Briefe auf den Empfänger-Schreibtischen, die vollständig gelesen werden.

Wieder eine andere Verkäuferin macht sogar ihre Kaltakquise per Post. Einem Geschäftsführer (sie schreibt nur an Ebene 0, nicht an den Einkauf) schrieb sie: „Gestern fuhr ich an Ihrem neuen Werk in Y vorbei. Die kühne Architektur hat mich sehr beeindruckt. Als ich mich auf dem Hof mit einem Ihrer Produktmanager unterhielt, kamen wir auch auf die Bürokommunikation zu sprechen. Ich denke, dass ich Ihnen bei vielen Ihrer guten Ideen weiterhelfen könnte. Können Sie sich eine Zusammenarbeit vorstellen?" Auf sieben von zehn dieser Briefe bekommt sie Termine. Zugegeben, sie kann Briefe schreiben wie ein Profi. Aber das heißt nur: Nutzen Sie das Talent, das Sie haben, zur permanenten Akquise.

Akquirieren Sie immer, wo immer Sie auch sind. Gehen Sie ungewöhnliche Wege. Akquirieren Sie an ungewöhnlichen Orten. In der Sauna, auf dem Berggipfel – wo immer Sie sich eben gerade befinden. Und wenn Sie Verkaufsleiter sind: Fordern Sie ungewöhnliche Wege ein. Fragen Sie Ihre Verkäufer:

- ❑ Und, was hast du am Wochenende gemacht?
- ❑ Welche Leute waren dort?
- ❑ Hast du denen mal erzählt, wie gut unser X ist?
- ❑ Warum nicht?!!!
- ❑ Wo bist du am nächsten Wochenende?
- ❑ Was also wirst du dort tun?

Oder träumen Sie etwa noch immer davon, dass Ihre Verkäufer von allein merken, wo der Umsatz auf der Straße liegt?

Jeder Mitarbeiter ist Verkäufer

Hören Sie auf, die Verkäufer zu „knüppeln". Natürlich müssen Sie von jedem Verkäufer verlangen, dass er permanent akquiriert – sonst haben Sie den Beruf verfehlt. Aber der Verkäufer ist nicht der Einzige, der akquirieren muss. Wenn der Verkäufer nämlich der Einzige ist, der permanent akquiriert, steht es ganz schlecht um Ihr Unternehmen.

Als der Geschäftsführer eines Software-Hauses an einem Promi-Golfturnier teilnimmt, wird er tags darauf in der Regionalpresse mit dem Ausspruch zitiert: „Der beste Golfplatz weit und breit, aber die Platzbelegung planen sie mit einer veralteten Software. Denen müssen wir was Gutes tun!" Zwölf von zwanzig Verkäufern brachten diesen Zeitungsausschnitt am nächsten Tag mit ins Büro. Tenor: „Unser Chef ist ein klasse Verkäufer." Welchen Verkaufsleiter, Innendienstleiter, Vertriebsleiter, Kundendienstleiter, Montageleiter, Serviceleiter, Geschäftsführer oder Vorstand kennen Sie, über den seine Verkäufer dasselbe sagen? Und wie wollen Sie schleunigst daran etwas ändern? Wer glaubt, dass Akquisition nur im Vertrieb passiert, sollte ganz schnell sein Wirtschaftskapitänspatent zurückgeben. Er macht der Handelsmarine keine Ehre.

Als der Geschäftsführer eines Sporthauses von einem Rundfunksender zu aufgetretenen Mängeln bei Surfbrettern interviewt wird, lässt er beiläufig einfließen: „Ich selber surfe nicht." Ist der Mann noch zu retten? Hat ihm sein Vertriebsleiter die Rechnung mit der Umsatzsumme präsentiert, die er mit dieser Aussage vernichtet hat? Wie begeistert werden seine Verkäufer danach wohl die Surfbretter verkaufen? Was vorgemacht wird, wird nachgemacht. Wenn der Geschäftsführer seine Produkte nicht kennt, kennen auch seine Verkäufer sie nicht.

✓ **TIPP**

Wer von seinen Verkäufern verlangt, dass sie permanent akquirieren, muß selbst Vorbild sein. Er muss auf höchster Ebene und auf hohem Niveau Öffentlichkeitsarbeit betreiben, seine Mission verkaufen, das Unternehmen vermarkten und seinen Teil am „Verkauf" übernehmen. Sonst verliert er jeden Funken Glaubwürdigkeit. Wie der Herr, so's Gscherr. Taten, nicht Worte zählen. Vormachen gilt. Doch das gilt nicht nur für ganz oben.

Als zwei Fahrgäste zusehen wollen, wie eine Lok gewaschen wird, werden sie von den Arbeitern (sachlich und sicherheitstechnisch völlig ungerechtfertigt) mit den Worten vertrieben: „Weg hier, wir müssen arbeiten." Der Vorgesetzte steht daneben und sagt nichts. Warum wohl hat die Bahn einen so schlechten Ruf? Nicht nur, weil sie unpünktlich ist. Denn, so unpünktlich ist sie gar nicht. Kunden nehmen es einfach übel, wenn sie unhöflich behandelt werden. Jeder Mitarbeiter ist ein Verkäufer. Vielleicht nicht in Ihren Augen, aber in den Augen Ihrer Kunden.

✓ **TIPP**

Der Vorstandsvorsitzende verkauft das Unternehmen genauso wie die Sachbearbeiterin und der Pförtner.

❑ Werden die Mitarbeiter bei der Führung durch den Vorgesetzten in Richtung Kundenorientierung beobachtet und coachend korrigiert?

❑ Werden die Mitarbeiter in der Line of Visibility (vom Kunden wahrnehmbar) in Kundenorientierung geschult?

❑ Ist in der Unternehmenskultur die entsprechende Grundüberzeugung verankert?

❑ Wird kundenorientiertes Verhalten angeregt, eingefordert, gefördert, anerkannt und belohnt oder mit Gleichgültigkeit bestraft?

Wie motivieren Sie Ihre Verkäufer?

Wenn Sie Führungserfahrung mitbringen, werden Sie jetzt sagen: „Schön und gut. Natürlich weiß ich, dass man permanent akquirieren muss und nicht erst, wenn es anfängt zu brennen. Aber sagen Sie das mal meinen Verkäufern! Die legen sich doch in guten Zeiten auf die faule Haut!" Gut beobachtet. Aber darauf lautet die Frage doch nicht: Ist permanente Akquisition möglich? Die Frage lautet: Wie bekommen Sie Ihre Verkäufer dazu, permanent zu akquirieren?

Mit Geld sicher nicht. Das haben Sie schon probiert. Wer sich nur auf die variable Entlohnung verlässt, wird meist enttäuscht: Ein Verkäufer in Existenzangst verkauft nicht gut. Er verkauft verkrampft. Er soll aber begeistert verkaufen. Andererseits verkaufen Verkäufer, die gut und (teilweise) fix entlohnt werden, auch nicht gut. Dazu sagt der Vertriebschef eines Pharma-Unternehmens: „Wenn ich Hunderttausend garantiert mache, dann besuche auch ich keine Ärzte mehr." Um einen Verkäufer zu motivieren, braucht es zwei Arten von Voraussetzungen: notwendige und hinreichende.

✓ **TIPP** ————————————————————————

Absolut notwendig für die Verkäufer-Motivation ist das funktionierende Umfeld. Es gibt keinen gleichwertigen Ersatz (Incentives, Geld, gute Worte ...) für ein funktionierendes Umfeld.

Wenn die Produkte mängelbehaftet sind, die Logistik hakt, der Vorgesetzte ein Demotivator statt ein guter Trainer seiner Mannschaft ist und der Innendienst Kundenanfragen verschlampt, kann der Verkäufer noch so viel verdienen – er wird immer missgelaunt sein und ebenso verkaufen. Kein Wunder, bei diesen Arbeitsbedingungen. Natürlich ist es bequemer, dem Verkäufer eine Prämie in die Hand zu drücken, als das Arbeitsumfeld motivierend zu gestalten. Aber wollen Sie es bequem haben oder Umsatz machen? Wie Sie sich entscheiden, ist Ihre Sache, doch die Tatsache bleibt dieselbe: Ohne gute Arbeitsbedingungen keine Motivation. Doch das allein reicht nicht.

✓ **TIPP** ————————————————————————

Hinreichend für die Verkäufer-Motivation ist die richtige Führung. Verkäufer sind etwas Besonderes. Wird Ihre Führung dieser Besonderheit gerecht?

Verkäufer gehören zu einer kreativen, extrovertierten, kommunikativen Spezies. Und wie werden sie geführt? Mit Excel-Charts, wortkarg und ohne ausreichenden menschlichen Kontakt zum Vorgesetzten. Wie Roboter eben. Führung ohne emotionale Intelligenz und EQ-Kompetenz. Wir brauchen Verkaufsleiter, die neben ihren Excel-Charts auch mit Emotionen umgehen können. Natürlich sind Excel-Charts einfacher zu handhaben als Emotionen. Aber was wollen Sie wirklich? Tabellen malen oder Umsatz machen?

EQ-Kompetenz stellt hohe Anforderungen an Verkaufsleiter, die auf diesem Gebiet oft erschreckend „blind" sind. In schlechten Zeiten sagen sie: „Wir müssen den Gürtel enger schnallen und verkaufen, verkaufen, verkaufen." In guten Zeiten sagen sie: „Es kann auch wieder schlechter kommen." Was hört der Verkäufer nie? Anerkennung, Lob, ein ehrlich gemeintes Kompliment in guten Zeiten, zu deren Erreichung er durch seine Arbeit ja beigetragen hat. „Dann heben die Leute ab", sagt der Verkaufsleiter. Natürlich. Sagen Sie einem Stürmer, wenn er keine Tore schießt „Du Pflaume!" und wenn er wieder Tore schießt „Das kann sich auch wieder ändern!"? Würde kein Trainer der Welt tun? Würden Sie nie tun? Warum passiert das dann ständig im Verkauf? Warum geht diese EQ-Schwäche inzwischen so weit, dass die „alten Hasen" im Verkauf überhaupt nicht mehr akquirieren?

Das Problem der „alten Hasen"

Der Verkaufsleiter eines Telekommunikations-Unternehmens sagt: „Die Verkäufer, die seit zehn, fünfzehn Jahren dabei sind, akquirieren keine Neukunden mehr. Die verdienen 150 000 im Jahr, die reißt auch keine Prämie mehr hoch. Da lachen die drüber. Die lachen auch die jungen Kollegen aus, die noch heiß auf Neukunden sind." Er hat es aufgegeben, diesen alten Hasen nochmals das Laufen beibringen zu wollen.

Immer wieder warnen uns Verkaufsleiter vor Seminar-Teilnehmern: „Der Maier wird demnächst pensioniert, der Müller ist einfach zu lange dabei – die werden nichts mehr dazulernen." Mit den schlimmsten Befürchtungen gehen wir ins Seminar – und erleben regelmäßig Überraschungen. Die alten Hasen gehören zu den aktivsten. Sie wollen es den anderen noch einmal zeigen. Sie entwickeln an einem Tag Seminar mehr Initiative als in einem Monat Akquisition. Warum? Weil sie sich gefordert fühlen. Man muss lediglich wissen, wie man sie fordert.

Wie motiviert man Verkäufer? Dies ist die falsche Frage. Richtig gestellt lautet sie: Was motiviert Verkäufer? Finden Sie heraus, was sie motiviert, dann geben Sie es ihnen.

Verkäufer sind emotionale, kreative und extrovertierte Menschen – sonst wären sie ins Back Office gegangen. Und wie werden sie geführt? Mit Zahlenschiebereien, die emotional nicht motivieren können. Doch das ist die einzige Möglichkeit, an Verkäufer heranzukommen: über den emotionalen Zugang. Verkäufer muss man anders „abholen" als andere Mitarbeiter. Es ist nicht so wichtig, ob das

● positiv: „Hey, was ist los? Sie haben doch schon ganz andere Dinger geschaukelt!"

● oder negativ erfolgt: „Kommen Sie in die Gänge, sonst kriegen Sie kolossalen Ärger mit mir!"

✓ **TIPP** ─────────────────────────────────

Solange die Ansprache emotional ist, sprechen Sie in der Sprache der Verkäufer. Seien Sie emotional, menschlich; aber heucheln Sie nicht. Verkäufer sind keine Roboter, es sind Menschen – führen Sie sie also auch wie Menschen.

☑ **CHECKLISTE – Verkäufer motivieren**

❑ Was haben Sie heute schon getan, um die Motivations-Hemmnisse im Umfeld Ihrer Verkäufer auszuräumen?

❑ Was tun Sie täglich dafür, damit Ihre Verkäufer in einem optimalen Arbeitsumfeld starten können?

❑ Was tun Sie für Ihr Selbstverständnis als Coach Ihrer Mannschaft?

❑ Was tun Sie für Ihre Coaching-Kompetenz?

❑ Wie emotional, direkt und menschlich ist Ihre Verkäufer-Ansprache? Treffen Sie Sprache, Stimmung und Nerv Ihrer Verkäufer? So oft das nötig ist? Wöchentlich? Täglich?

❑ Warum nicht? Was hindert Sie daran? Was können Sie oder Ihr persönlicher Coach für Ihren EQ, für Ihre emotionale Führungskompetenz tun?

Verkäufer stehen jeden Tag unter starkem Stress. Sie brauchen einen guten Coach, der sie emotional auffängt, denn Stress ist emotional. Sind Sie ein guter Coach? Kennen Sie einen? Wollen Sie einer werden? Statten Sie Ihre Verkäufer mit Selbst-Coaching-Kompetenz aus?

Die „$"-Blindheit

Begleiten Sie oder Ihr Verkaufsleiter Ihre Verkäufer regelmäßig bei Kundenbesuchen? Dies sollten Sie unbedingt tun (lassen). Sie werden nicht mehr wissen, ob Sie lachen oder weinen sollen. Wie viel Umsatz hier durch unüberlegte Äußerungen verloren geht, ist kaum abzuschätzen.

Ein Beispiel:

Geschäftsführer oder Einkäufer zum Verkäufer: „Ich weiß, wir hatten heute einen Termin, aber ich kann jetzt nicht."

Was sagt der Verkäufer darauf? „Wann können Sie denn wieder?" „Wann soll ich wiederkommen?" „Könnten wir nicht einfach kurz in fünf Minuten die Sache besprechen?"

Insbesondere der letzte Verkäufer hält sich für ein wahres Akquisitionsgenie. Feuern Sie ihn! Nein, jetzt im Ernst: Der Mann vergeudet *Ihren* Umsatz. Was sagen Sie dazu? Warum verbreiten Ihre Verkäufer einen solchen Unsinn? Warum sagen die Verkäufer alles, nur das nicht, was jeder vernünftige Mensch in so einer Situation sagen würde (übrigens, kommen Sie selbst darauf?):

„Ich weiß, wir hatten heute einen Termin, aber ich kann jetzt nicht." „Was ist denn dazwischengekommen? Gibt's Probleme?"

Was passiert nach so einer Frage? Man kommt ins Gespräch, der Kunde kann ein bisschen jammern und der Verkäufer hat danach einen riesigen Stein im Brett. Das nennt man neuerdings Beziehungsmanagement. Ich nenne es: Umsatz machen.

Diese seltsame Entfremdung der Gesprächsführung treibt im Verkaufsalltag Blüten, die oft nicht mehr von der Satire zu unterscheiden sind:

„Ich habe heute ein tolles Angebot für Sie." „Übermorgen gehe ich in Urlaub." „Wenn Sie bis morgen bestellen, können wir sogar noch nächste Woche liefern."

„Wir fahren wieder nach Sylt."
„Die fahrbare Version gibt es sogar gratis."

Was denkt dieser Verkäufer? Und das Unglaubliche daran: Er denkt auch noch, dass er brav und hartnäckig akquiriert. Warum hat er dann keinen Erfolg damit? Weil in seinen Augen das Dollarzeichen leuchtet. Er denkt und redet nur über seinen Auftrag. Er denkt nur an sich, sein Produkt und den Umsatz. Ganz nach dem Motto: Alle denken nur an sich, nur ich denke an mich. Das ist der tiefere Grund hinter der Akquisitionsschwäche deutscher Verkäufer. Sie sind an allem interessiert, nur nicht am Kunden. Sie interessieren sich für Umsatz, Auftrag und Provision. Nicht für den Kunden, seine Probleme, Sorgen, Zweifel, Wünsche, Ziele und Erfolge. Tragische Ironie: Weil sie sich nicht für seine Probleme und Wünsche interessieren, machen sie weniger Umsatz, erhalten sie weniger Aufträge und weniger Provision.

Typisch für dieses Phänomen ist der junge Vermögensberater, der eine „schwierige" Fabrikanten-Witwe durchgereicht bekommt, nachdem es in drei Jahren keinem der älteren Berater gelang, an das Zehn-Millionen-Vermögen „heranzukommen" – man beachte die Wortwahl. Sprache ist Gesinnung, „$"-Gesinnung in diesem Fall. Der „Jungspunt" hat die zehn Millionen nach sechs Monaten. Die älteren Kollegen sind sauer (statt dem Kollegen auf die Schulter zu klopfen) und wollen wissen, mit welchem Trick er das geschafft hat. „Mit dem Geranien-Trick", sagt er. Die Witwe züchtet Geranien, also hat er sich alles über Geranien angelesen, dessen er habhaft werden konnte, und monatlich einmal mit der Frau über Blumen geredet. Ein billiger Trick? Warum kamen dann die Kollegen nicht darauf? Manipulation? Die Witwe sieht das anders: „Sie interessieren sich wenigstens für Ihre Kunden. Ihre Kollegen wollten nur mein Geld." Ein feines Gespür hat die Kundin.

✓ **TIPP**

Wie bringt man Verkäufer dazu, dass das umsatzschädliche Dollarzeichen aus den Augen verschwindet? Unserer Erfahrung nach reicht es bei den meisten Verkäufern schon aus, wenn Sie

❏ ihnen klarmachen, wie viel Umsatz sie verlieren, wenn sie mit Dollarzeichen im Auge beraten,

❏ ihnen zeigen, welche Chancen in EQ-Verkauf und Beziehungsmanagement stecken,

❏ sie bei der Entwicklung von emotionaler Intelligenz coachend unterstützen.

Verkäufer sind sehr erfolgsorientiert. Was ihnen nützt, übernehmen sie gern. Sorgen Sie dafür, dass Ihre Verkäufer bei der permanenten Akquisition nicht mit „$"-Blindheit geschlagen sind.

Der große Motivations-Irrtum

Ein Verkaufsleiter sagte zu mir: „Zeigen Sie mir einen Verkäufer, der jeden Tag acht Kunden besucht und fünf anruft und ich zeige Ihnen einen Verkäufer, der es nicht verhindern kann, Erfolg zu haben." Permanent akquirierende Verkäufer sind nicht nur kreativ, kontaktstark und beziehungsorientiert, sondern auch fleißig. Wenn man weiß, dass ein Kunde sieben bis zehn Kaufimpulse braucht, um zu kaufen, weiß man auch: Ein Besuch mehr bringt einen Kunden mehr. Die meisten Verkäufer geben zu früh auf – den Kunden und den Umsatz.

Permanente Akquisition folgt dem Gesetz der großen Zahl. Wenn man nur genügend Kontakte hat, springt immer noch etwas dabei raus. Je mehr Kontakte, desto mehr Chancen. Und was machen viele Verkaufsleiter aus dieser simplen Erkenntnis? Ein Eigentor. Sie „motivieren" ihre Verkäufer, indem sie Vorgaben machen: „Jeder Verkäufer muss täglich fünf Besuche und fünf Telefonkontakte nachweisen!" Oft motivieren sich die Verkäufer auch selbst so: „Ich muss heute noch meine fünf Anrufe machen!"

Was kommt dabei heraus? Wissen Sie es? Nicht viel. Denn das hält man nicht lange durch. Das ist keine Motivation, das ist Druck. Und Druck hält kein Mensch lange aus. Vor allem verkauft man unter Druck nicht gut. Das sehen Sie an Verkäufern, die in den wenigen Wochen zwischen Kündigung und Ausscheiden plötzlich wie die Weltmeister verkaufen: Der Druck ist weg, jetzt verkaufen sie ganz unbefangen und erfolgreich. Druck und innerer Zwang motivieren nicht langfristig, im Gegenteil, sie verhindern langfristig Erfolg. Und je mehr Druck man sich macht, desto weniger Erfolg hat man. Irgendwann endet das im Burnout. Also setzen Sie sich und Ihren Verkäufern keine Maßzahlen, die diese nach den ersten Strohfeuer-Anstrengungen sowieso nicht erreichen.

✓ **TIPP** ───

Viel motivierender als unsinnige Zahlenvorgaben wirkt die Beschäftigung mit den vier Gewissensfragen (siehe Seite 31). Wenn Sie wissen,
was Sie (oder Ihre Verkäufer) davon abhält, begeistert bei der Sache zu
sein, was Ihnen Spaß bei der Arbeit bringt, wird Ihnen die Arbeit schnell
(wieder) Spaß machen und Sie erfüllen die Kontaktzahl automatisch,
ohne es zu merken oder zu wollen.

Meist gerät man als Verkäufer dabei in einen Zustand der inneren
Harmonie, in dem man gar nicht mehr aufhören kann zu verkaufen.
Dieser Spaß an der Arbeit, die selbsttätige Motivation aus der Aufgabe
heraus, ist die einzige Garantie dafür, dass Ihre Verkäufer permanent
akquirieren und überhaupt die innere Energie aufbringen, das Geld
aufzuheben, das vor ihnen auf der Straße liegt. Erst wenn Sie es schaffen,
diese Energie fließen zu lassen, können Sie und Ihre Verkäufer die zehn
versteckten Umsatzpotenziale anzapfen.

„Unter Stress zeigt sich die wahre Natur des Menschen."
Abraham Lincoln

*„Superverkäufer lieben Stress, weil sie wissen: Sie vertragen mehr
davon als der Kunde. "*
Verkaufsleiter eines xy-Unternehmens

3 Grenzstabilität im Verkauf

Wenn der Hund bellt

*Das Geld liegt auf der Straße. Ein Verkäufer kommt vorbei, will sich
gerade bücken – da kommt ein kleiner Hund angelaufen und fängt zu
bellen an. Was macht der Verkäufer? Er rennt schnell weg und lässt das
Geld liegen.*

Zugegeben, ein etwas boshaftes Bild. Es entspricht jedoch der Realität.
Wenn es hart auf hart kommt, kneifen zu viele Verkäufer und schleichen
sich davon. Wie kann das sein? Verkäufer besuchen doch ständig
irgendwelche Schulungen, feilen an ihrem Auftritt, überlegen sich neue
Verkaufsargumente ... Und trotzdem lassen sie sich schon von kleinen
bellenden Hunden verjagen. Warum? Weil es eigentlich egal ist, was
man trainiert, wenn ab einem bestimmten Punkt im Verkaufsgespräch
das Gelernte einfach verschwindet. Nämlich dann, wenn der kleine
Hund zu bellen anfängt.

„Zu viele meiner Leute vertragen zu wenig Druck", sagt der Verkaufsleiter eines Elektro-Großhändlers. „Sobald die Situation brenzlig wird,
der Kunde Druck macht oder der Einkäufer in die Trickkiste greift,
knicken sie ein." Das bringt es auf den Punkt. Die meisten Verkäufer
sind Schönwetter-Verkäufer. Sie verkaufen gut, wenn alles glatt läuft.
Doch sobald sie in eine Grenzsituation geraten – und das passiert in
einigen Branchen bei jedem zweiten Besuch – sacken Leistung und
Erfolg dramatisch ab. Ihre Grenzstabilität ist zu gering. Wie viel mehr
Umsatz könnten Ihre Verkäufer machen, wenn sie nur ein wenig
grenzstabiler wären?

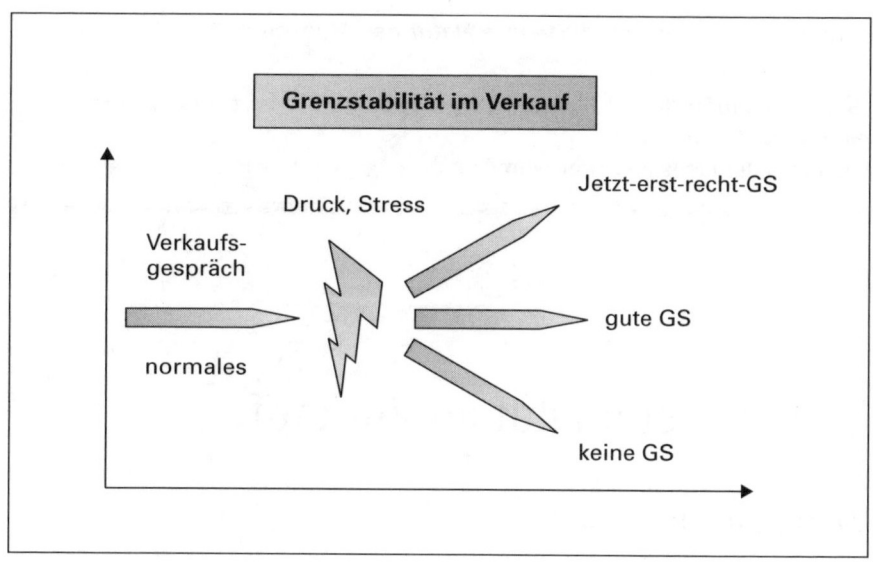

Grenzsituation Termindruck

„Glauben Sie, ich kann alles gleichzeitig machen?" fragt die Verkaufsleiterin eines Kfz-Händlers einen ungeduldigen Kunden. „Ich habe auch
nur zwei Hände und wenn ich zaubern könnte, wäre ich im Zirkus."
Der Geschäftsführer steht neben ihr und sagt nachher über die Situation:
„Ich konnte förmlich sehen, wie der Umsatz den Bach runter geht. Das
war ein hoch potenter Kunde." Hat die Verkaufsleiterin „ein Rad ab"?
Vernichtet sie mutwillig Umsatz? Nein, sie ist eigentlich die kompeten-
teste und freundlichste Kundenberaterin, die sich der Geschäftsführer
wünschen kann. Doch unter Zeitdruck wird sie zur Furie. Sie ist nicht
grenzstabil. Und es nützt gar nichts, wenn sich der Vorgesetzte darüber
aufregt. Ändern, nicht aufregen, ist die Devise.

Wie wird die Verkaufsleiterin zeitstressresistenter? Sicher nicht, indem
sie das tut, was viele in Zeitnot tun: ein Zeitmanagement-Seminar
buchen. Ein gut gemeinter Versuch, der leider nichts bringt. Einem
Verkäufer kann man die Fehlbuchung verzeihen, einem Verkaufsleiter
nicht. Verkaufsleiter werden dafür bezahlt, solche Dinge zu wissen und
ihre Verkäufer nicht in ein falsches Seminar zu schicken. Schuld an der
Zeitnot ist nämlich nicht die mangelnde Zeitplanung, sondern die
mangelnde Gesprächsführung.

Die meisten Verkäufer haben keine Zeit, weil sie zu viel davon verlieren. Der Kunde verquasselt sich, der Verkäufer schafft es nicht schnell genug, ihn wieder auf Abschlusskurs zu bringen, die Gesprächsführung entgleitet ihm zu oft und zu lange.

Eigentlich sollte man schon längst beim nächsten Termin sein, kriegt aber den aktuellen einfach nicht „gebacken". Das heißt: Je schneller ein Verkäufer trainiert, wie man

● ein Gespräch rasch eröffnet, straff führt und zügig beendet,
● Kunden elegant wieder zum Thema zurückbringt,
● auch mal höflich aber bestimmt Nein zum Kunden sagt,
● keine unnötigen Schleifen zieht, sondern abschließt, sobald der Kunde ausreichend Signale für Abschlussbereitschaft sendet,

desto weniger Hektik hat er und desto erfolgreicher kann er selbst in kürzester Zeit ein perfektes Gespräch aufziehen. Je besser die Gesprächskompetenz, desto geringer der Termindruck. Grenzstabile Verkäufer leiten ihre Verkaufs- und Beratungsgespräche wie ein Dirigent sein Orchester – und geraten deshalb gar nicht erst unter Zeitdruck. Aber das schaffen die wenigsten von sich aus. Sie brauchen Unterstützung:

✓ **TIPP** ————————————————————————————

Termindruck im Verkauf entsteht nicht durch mangelnde Terminplanung, sondern durch zu lockere Gesprächsführung.

❏ Coachen und trainieren Sie Ihre Verkäufer in zeitsensibler Gesprächsführung?
❏ Zeigen Sie ihnen, wie sie ein Gespräch möglichst straff führen?
❏ Eliminieren Sie Zeitdiebe in Ihren Gesprächsstrategien und -taktiken?
❏ Wann war das letzte Training zum Thema Gesprächsführung (einmal im Jahr ist Minimum)?
❏ Wann gibt es das nächste?

Die Einwandlawine

Wie lange gibt es schon die bekannten Techniken zur Einwandbehandlung? Dreißig Jahre? Fünfzig? Einhundert? Und wie gut behandeln Ihre Verkäufer Einwände? Traurig, nicht? Woran liegt es, dass Verkäufer seit Jahren Einwandbehandlung trainieren und sich immer noch so ungeschickt anstellen?

Es liegt daran, dass falsch trainiert wird. Die meisten Verkäufer sind heute rhetorisch perfekt bei der Einwandbehandlung. Leider ist Rhetorik nur die halbe Miete. Die andere Hälfte fehlt. Sie erkennen das untrüglich daran, wenn sich Ihre Verkäufer über

- anhaltende Widerstände,
- unterschiedliche Einwände,
- störrische, misstrauische und zähe Kunden

beklagen. Denn dann wurde der Verkäufer von der Einwandlawine verschüttet. Was er dabei nicht weiß: Er hat die Lawine selber losgetreten, die ihn verschüttet hat.

Wenn ein Kunde einen einzelnen Einwand vorbringt, dieser rhetorisch behandelt wird und der Kunde danach Ruhe gibt, ist alles geregelt. Wenn der Kunde jedoch mehr als drei Einwände zum selben Thema vorbringt, liegt die Vermutung nahe, dass der Verkäufer die Folgeeinwände selbst provoziert. Weil er in Einwandsituationen nicht grenzstabil ist. Der Verkäufer behandelt zwar jeden neuerlichen Einwand rhetorisch perfekt. Doch hier ist die vermeintiche Lösung das Problem: Gerade die Rhetorik provoziert die Folgeeinwände!

Der Verkäufer mag sachlich mit seiner Einwandbehandlung hundertprozentig recht haben – der Kunde ist trotzdem pikiert, weil er sie als menschliche Zurückweisung empfindet. Eine Einwandbehandlung muss rhetorisch *und* menschlich einwandfrei sein, um zu wirken. Hinter der sachlichen Seite des Einwands steht die menschliche: Der Kunde möchte

- mit seinem Wissen glänzen,
- auch ein bisschen Recht haben,
- sich mal kurz ausjammern.

Es gibt viele Kundenmotive: Finden Ihre Verkäufer die wahren Motive? Diese hinter dem eigentlichen Einwand versteckten Motive müssen genauso behandelt werden wie der Sacheinwand selbst. Der Kunde macht so lange Einwände, bis seine menschlichen Bedürfnisse befriedigt sind. Das ist der Grund, weshalb viele Kunden ein- und denselben Einwand immer und immer wieder wiederholen: Das dahinter stehende Bedürfnis wurde noch nicht befriedigt.

Ein Einwand hat immer zwei Seiten: die rhetorische und die menschliche. Beide müssen behandelt werden.

- ❏ Trainieren Sie mit Ihren Verkäufern die Einwandbehandlung!
- ❏ Erstellen Sie eine Liste der gängigen Einwände mit Ihren Mitarbeitern!
- ❏ Beherrschen Ihre Verkaufstrainer die emotionale Seite der Einwandbehandlung?

Wenn der Kunde pokert

Schlecht sieht es für Ihren Umsatz aus, wenn der Einkäufer besser ist als Ihr Verkäufer. Aber das wissen Sie schon lange. Richtig gefährlich wird es, wenn der Einkäufer besser über Grenzstabilität Bescheid weiß als Ihr Verkäufer. Ein Einkäufer eines Elektronikunternehmens sagt: „Wenn ich den Verkäufer der ABC KG fünf Prozent runterhandeln will, muss ich nur die Mitbewerber-Karte ziehen." Der Einkäufer führt ganz bewusst eine Grenzsituation herbei, um den Verkäufer aus dem Gleichgewicht zu bringen: Er blufft.

Ein guter Pokerspieler durchschaut den Bluff des Kunden. Der Kunde blufft immer dann, wenn er beginnt,

- ❏ schiefe Vergleiche zu ziehen,
- ❏ fadenscheinige Argumente hervorzukramen und
- ❏ penetrant auf die (objektiv wenig glanzvollen) Vorteile der Mitbewerber hinzuweisen.

Wie beim Poker gilt auch hier: Wer sich nervös machen lässt, hat schon verloren. Wer unbeirrt sein Blatt durchspielt, deckt den Bluff des Kunden früher oder später auf. Man muss nur lange genug die schiefen Vergleiche geraderücken, die in den Himmel gehobenen Vorteile des Mitbewerbs höflich, aber bestimmt auf den Boden der Tatsachen zurückholen und dem Kunden mit einem fröhlichen Pokerface ins Gesicht sehen. Das zieht dem Bluff den Zahn. Denn eigentlich will der Gesprächspartner mit solchen Pokerspielchen nur herausfinden, ob der Verkäufer sich bluffen lässt oder ob er grenzstabil ist.

Aber all das müssen Sie Ihrem Verkäufer erst einmal sagen, nein, beibringen. Denn von allein können es nur Ihre Spitzenverkäufer. Die anderen vergeuden jedes Mal, wenn der Einkäufer blufft, Ihren Umsatz. Also trainieren oder coachen Sie oder lassen Sie trainieren oder coachen:

- Wie gut können Ihre Verkäufer pokern?
- Wie (gut) unterstützen Sie sie dabei?
- Wie oft werden Grenzsituationen in Verkäuferbesprechungen thematisiert?
- Wie gut reagieren Ihre Verkäufer „im Trockenen" (im Rollenspiel) auf die Mitbewerber-Karte? Mit Zögern? Wie aus der Pistole geschossen? Mit krampfhaftem Abwehrverhalten oder mit gut überlegten, stichhaltigen und überzeugenden Gegenargumenten?
- Existiert eine stehende Vorbild-Argumentation für die häufigsten Mitbewerber-Argumente des Kunden?

Der Verkaufsleiter eines Hausgeräte-Herstellers beispielsweise gab bei der Verkäuferversammlung im Herbst die Weisung aus: „Ab sofort argumentieren wir nicht mehr über Mitbewerber-Eigenschaften. Sagen Sie jedem Kunden, der vergleichen will, in Ihren eigenen Worten: Ich kenne mich mit meinen Geräten aus. Wenn Sie sich mit den Mitbewerber-Geräten auskennen, dann vergleichen Sie. Wenn ich von den Mitbewerber-Geräten überzeugt wäre, wäre ich beim Mitbewerber. Bin ich aber nicht." Das ist eine willkürliche, aber immerhin eine Regelung. Tatsächlich erhöht sie die Grenzstabilität der Verkäufer erheblich – jener Verkäufer, die sie einsetzen. Jene, die sich nicht trauen, sie einzusetzen, diskutieren heute noch stundenlang mit den Kunden über vermeintliche Nutzen des Mitbewerbs, lassen sich die Zeit stehlen, bluffen und herunterhandeln.

Die Autoritätsfalle

Wie anfällig sind Ihre Verkäufer für Glanz und Gloria? Es gibt Verkäufer, die verhandeln beinhart, bis sie – bildlich gesprochen – den Siegelring des Bischofs küssen dürfen. Dann gehen sie buchstäblich in die Knie. Sie sind nicht grenzstabil vor Autoritäten. Clevere Einkäufer stellen diese Autoritätsfalle ganz bewusst auf, weil sie hoffen, dass der Verkäufer hineintappt.

Die Falle funktioniert folgendermaßen: Vorverhandelt wird noch ganz gemütlich im Büro des Einkäufers. Doch zum Abschluss wird der Verkäufer plötzlich an der Ahnengalerie der Firmengründer und der Vorzimmerdame vorbei ins eichengetäfelte Vorstandszimmer geleitet, in dem sich dann auch noch ein hoher Herr der Firmenleitung „ganz zufällig" hinzugesellt. Der Verkäufer ist vom Glanz beeindruckt und mehr als geschmeichelt, dass ihm diese Ehre zuteil wird. Das ist ganz schlecht für ihn – und für Ihren Umsatz! Denn unter dem berauschenden Eindruck des einmaligen Erlebnisses lässt er sich prompt herunterhandeln: Genau das war der Zweck des Manövers. Wenn Sie einen (mehrere?) solchen Verkäufer haben, können Sie sich beglückwünschen. Der verschenkt Ihr Geld mit vollen Händen. Und das passiert nicht vornehmlich den Greenhorns.

Es ist erstaunlich, wie oft solche Glanz-und-Gloria-Paraden selbst altgedienten Außendienstmitarbeitern die Sinne vernebeln. Als ob sie es nicht besser wüssten! Ja, danach. Man lässt sich eben unbewusst und gegen die eigene Überzeugung von Autorität und Macht überrumpeln – wenn man nicht grenzstabil ist. Wie wird ein Verkäufer gegen diesen Trick immun? Indem er und vor allem sein Verkaufsleiter der Autoritätsfalle das Überraschungsmoment nimmt. Dann kann sie nämlich nicht mehr zuklappen.

✓ **TIPP** ────────────────────────────────

> Die Autoritätsfalle verliert sofort siebzig Prozent Wirkung, wenn der Verkäufer dank der Erinnerungshilfe des Verkaufsleiters mit dem Einschüchterungsversuch rechnet.

Wer in Abschlussnähe mit solchen Tricks rechnet, kann nicht mehr überrascht werden. Wer damit rechnet, muss eigentlich nur noch das Kreuz gerade halten und sich jeden Bückling verkneifen. Freundlich lächeln und ein bisschen eingeschüchtert gucken, um den Kunden in Sicherheit zu wiegen – und dann höflich aber bestimmt Nein sagen, bis dem Kunden die Ohren klingen. Übrigens, Grenzstabilität schützt den Verkäufer nicht nur in der Grenzsituation, sondern auch darüber hinaus. Wenn der Einkäufer merkt, dass er es mit diesem Verkäufer nicht machen kann, denkt er: „Das ist aber mal ein ganz Hartgesottener" und verkneift sich auch künftig kleine Tricks. In diesem Fall ist der Verkäufer grenzstabiler als der Kunde, kann nun den Spieß umdrehen und *seine* Forderungen im Gespräch durchsetzen. Und das muss das Ziel jedes Verkaufsleiters sein:

● Sind Ihre Verkäufer grenzstabil?
● Grenzstabiler als ihre Kunden?
● Diktieren sie dem Kunden die Bedingungen oder ist es umgekehrt?
● Sind sie vollkommen immun gegen Autoritäten (beim Kunden), Statussymbole, Glanz und Gloria, Rang und Namen?

Sackgassen-Situationen

Wie oft passiert es, dass Verkäufer auf Ihre Nachfrage über den aktuellen Stand der Verhandlungen mit einem bestimmten Kunden sagen: „Total festgefahren. Da geht nichts mehr."? Und Sie geben sich damit zufrieden? Wollen Sie diesen Umsatz nicht? Schreiben Sie den Auftrag so schnell ab? Dann können Sie die stillen Umsatzreserven nicht knacken. Rechnen Sie mal zusammen: Wenn Sie diesen Monat sämtliche Aufträge abschließen lassen könnten, von denen Ihre Verkäufer behaupten, sie seien unmöglich, wie viel kommt da zusammen? Ist das nicht eine schöne Umsatzaussicht?

Ist die Situation tatsächlich festgefahren, wenn ein Verkäufer das behauptet? Meist nein, der Verkäufer ist lediglich nicht grenzstabil. Und das kostet Sie Umsatz, weil er in festgefahrenen Situationen offensichtlich zu früh aufgibt. Der Verkäufer glaubt, in eine Sackgasse geraten zu sein. Dabei handelt es sich lediglich um eine Grenzsituation.

✓ **TIPP** ———————————————————————————————

Das Wichtigste in einer Sackgassen-Situation ist, die Flinte nicht ins Korn zu werfen, sondern sich, den Verkäufer oder den Kunden zu fragen: Es geht offensichtlich nicht weiter. Aber:

❏ Was trennt uns denn konkret vom Auftrag?
❏ Was ist das objektive Hindernis?
❏ Und was ist die emotionale Blockade?

Diese Fragen müssen nicht nur Sie dem Verkäufer, sondern der Verkäufer auch sich und seinem Kunden stellen – wenn Sie den Umsatz wollen. Diese Fragen sind bares Geld wert. Oft ist nämlich der Kunde mit den objektiven Daten im Großen und Ganzen einverstanden. Er hat nur ein „dummes Gefühl im Bauch", sieht „die Sache noch nicht so klar" oder „es hört sich" für ihn noch nicht so gut an. Solche Äußerungen sind überdeutliche Hinweise auf emotionale, nicht sachliche Blockaden. Also muss der Verkäufer die Sachebene verlassen und mit ein bisschen emotionaler Intelligenz sich um das Gefühl des Kunden kümmern: Was drückt ihn denn? Emotionale Blockaden kann man erspüren und auflösen. Können es Ihre Verkäufer? Wie gut? Wie trainieren Sie das? Ausreichend?

Selbst wenn Sie sehen: Der Verkäufer steckt tatsächlich in der Sackgasse, selbst dann müssen Sie nicht auf den Umsatz verzichten. Denn es gibt für Sackgassen-Situationen erprobte Not-Anker. Kennen Ihre Verkäufer welche? Kennen Sie welche? Woher sollen Ihre Verkäufer sie kennen und beherrschen, wenn Sie sie ihnen nicht vermitteln, sie einfordern und fördern?

✓ **TIPP** ───────────────────────────────

Ein erprobter Not-Anker ist die Trotzdem-Technik. Wenn der Kunde klipp und klar sagt: „Nein danke, zu teuer, nicht das richtige Produkt. Tschüss!", kann der Verkäufer den Not-Anker setzen: „Ich weiß, dass alles dagegen spricht, aber ich möchte trotzdem das Geschäft mit Ihnen machen. Welche Chancen habe ich? Wie könnte es doch noch klappen?"

In achtzig Prozent der Fälle wird der Kunde darauf nichts Konstruktives sagen. Aber wer die zwanzig Prozent nutzt, in denen der Kunde tatsächlich von so viel gutem Willen quasi in der Schlusssekunde der Spielzeit überzeugt wird, der ist gut im Geschäft. Wenigstens besser als jene, die diese zwanzig Prozent sausen lassen. Im Angesicht der Niederlage noch so viel Antrieb zu entwickeln erfordert natürlich Mut. Aber auch diesen können Sie mit Ihren Verkäufern trainieren. Indem Sie diesen Anker zum Beispiel so oft „trocken" durchspielen lassen, bis die Verkäufer ihn auswendig und absolut überzeugt setzen können. So trainieren Spitzensportler. Man nennt das Mentaltraining.

- Beherrschen alle Ihrer Verkäufer eine Not-Anker-Technik?
- Beherrschen sie sie in- und auswendig?
- Wenden sie sie immer an, wenn es geboten ist?
- Wird die Technik ständig verbessert und variiert?

Die Sympathie-Blockade

Ist Ihnen das auch schon aufgefallen? Verkäufer verkaufen nur (gut) an sympathische Kunden. Man nennt diese Kunden auch „Kaffeekunden". Das sind jene, die sagen: „Ach, Herr Meier, schön dass Sie mich mal wieder besuchen kommen. Kaffee?" So gut ist der Draht zu ihnen. Mosert der Kunde dagegen herum: „Was wollen denn Sie schon wieder von mir?" geraten die meisten Verkäufer bereits heftigst in eine Grenzsituation.

Sie fühlen sich auf den Schlips getreten, werden nervös und machen Fehler, die sie normalerweise niemals machen würden. Das verschlimmert sich noch, finden sie den Kunden sowieso unsympathisch: „Mit dem kann ich einfach nicht – eben ein schwieriger Kunde." Was der

Verkäufer meint, ist: Ich bin nicht grenzstabil. Er verkauft schlecht, nicht weil der Kunde schwierig ist, sondern weil er keinen Zugang zu ihm findet. Verkäufer mit geringer Grenzstabilität können (gut) nur an sympathische Kunden verkaufen. Da liegt ein riesiges Umsatzpotenzial brach. Wie viel Mehrumsatz könnten Sie machen, wenn Ihre Verkäufer auch an schwierige und unsympathische Kunden gut verkaufen würden?

Wie wird ein Verkäufer gegenüber schwierigen Kunden grenzstabil? Indem er aktiv wird. Grenzstabile Verkäufer nehmen Antipathie nicht als gottgegeben hin. Sie wissen, dass Sympathie eine individuelle und persönliche Angelegenheit ist. In den ersten zehn Sekunden eines Erstgesprächs entscheidet sich, ob man sich für den Rest des Lebens sympathisch ist oder nicht. Daher der Spruch: „Der erste Eindruck entscheidet". Die meisten Sympathie-Blockaden treten gar nicht erst auf, wenn man es in diesen kritischen Sekunden versteht, einen guten Eindruck zu machen. Das heißt nicht: geschniegelt und gedresst – eben wie ein Verkäufer – auszusehen und einen teuren Firmenwagen zu fahren, sondern emotional einen guten Draht zum Kunden herzustellen. Diese Erkenntnis teilen inzwischen die meisten Verkäufer. Was darüber hinaus geht, erfordert die Unterstützung des Verkaufsleiters.

Wenn ein Verkäufer zu einem Kunden keinen Zugang findet, ist der erste Ansprechpartner der Verkaufsleiter. Und wenn das ein menschenscheuer Technokrat ist, der seine Verkäufer einmal im Quartal für zehn Minuten zu Gesicht bekommt, geht dieser Umsatz verloren. Ein guter, präsenter und coachender Verkaufsleiter hilft dem Verkäufer Antworten auf die Frage zu finden: Mit welchem Kommunikationsverhalten komme ich der emotionalen Seite des Kunden näher?

Dieses Nachdenken lohnt sich. Denn es hat sich gezeigt, dass sich aus vielen zunächst emotional blockierten Beziehungen oft besonders intensive und nutzbringende Geschäftsbeziehungen entwickeln – wenn man nur hartnäckig genug dranbleibt und den emotionalen Zugang so lange sucht, bis man ihn findet. Wenig grenzstabile Verkäufer fassen schwierige Kunden als Problem auf, das es zu vermeiden gilt. Für grenzstabile Verkäufer sind schwierige Kunden dagegen eine interessante Herausforderung:

● Wie schnell stellen sich Ihre Verkäufer dieser Herausforderung?
● Oder drücken sie sich davor?
● Welche Unterstützung bieten Sie ihnen, einen Zugang zu schwierigen Kunden zu finden?
● Verfügen Ihre Verkäufer über genügend emotionale Intelligenz, um einen guten Draht auch zu unsympathischen Kunden herzustellen?

Die Innendienst-Blockade

Kennen Sie einen Verkäufer, der *nicht* über Innendienst und Auftragsabwicklung klagt? Zugegeben, in jedem Innendienst läuft (aus Sicht des Außendienstes) manches schief. Aber muss man sich auf derart wehklagende, passive oder aggressive, aber in jedem Fall motivationstötende und kundenvergraulende Weise damit auseinander setzen?

Muss man denn gleich mit den Schultern zucken und zum Kunden sagen „Kann ich nix für, hat der Innendienst verbockt", wenn mal drinnen etwas schief gelaufen ist? Ist es etwa grenzstabil, beim kleinsten Anzeichen von Problemen in die Knie zu gehen und mit dem Finger auf die Auftragsabwicklung zu deuten? Und wie verfolgt der Verkäufer die Interessen seines Kunden, wenn diese bei der Auftragsabwicklung unter die Räder zu geraten drohen? Wie Michael mit dem Flammenschwert?

Schulternzuckend resigniert? Ahnen Sie, wie das beim Kunden ankommt? Wissen Sie, wie viel Umsatz Sie das kostet?

☑ **CHECKLISTE – Innendienst-Grenzstabilität**

Wie wird ein Verkäufer gegenüber dem Innendienst grenzstabil? Indem

☐ er eine hervorragende Schulung für partnerschaftliche Kommunikation besucht: knallhart in der Sache – hochkonziliant gegenüber dem Gesprächspartner.

☐ sein Verkaufsleiter ihm beim Ausfechten der internen Degengefechte und in der gnadenlosen, aber beziehungsorientierten Verfolgung der Kundeninteressen auch und gerade gegenüber den „Sesselhockern" im eigenen Unternehmen ein leuchtendes Vorbild ist.

☐ er sein Selbstvertrauen so trainiert, dass er es auch gegenüber den eigenen (Innendienst-)Kollegen anbringen kann.

☐ er lernt, sich mit seinem Kundenauftrag so stark zu identifizieren, dass für ihn eben nicht mit der Kundenunterschrift auch mit der Betreuung Schluss ist.

☐ er dieselben Gesprächstechniken, die er erfolgreich gegenüber externen Kunden einsetzt, auch gegenüber internen Kunden einzusetzen weiß.

Grenzstabilität gegenüber der Auftragsabwicklung ist ein wesentlicher Punkt der Kundenpflege und aus Sicht des Kunden entscheidend für die Kundentreue und seine Nachfolgeaufträge. Wenn der Kunde den Eindruck hat, dass sein Verkäufer zwar ein lieber Kerl ist, sich gegenüber seinem eigenen Unternehmen aber nicht durchsetzen kann, dann geht er ganz rasch woanders einkaufen, wo sich der Verkäufer stärker für ihn einsetzt.

Und dabei müssen Sie ihm helfen. Von alleine schaffen das nämlich nur die Spitzenverkäufer. Fordern Sie ein, fördern Sie Lernverhalten, spenden Sie Anerkennung für korrektes Verhalten – das ist schon alles, was dazu nötig ist.

Rundherum grenzstabil?

Es gibt noch etliche dieser Grenzsituationen. Wie stabil ist der Verkäufer zum Beispiel gegenüber Ihrer Einflussnahme? Wie verhält er sich, wenn Sie ihm Druck machen? Blockiert er und stellt er sich quer? Knickt er völlig ein und versagt? Oder stellt er sich der Herausforderung und sagt sich: „Jetzt erst recht. Euch zeig ich's!" Wie stabil verhält er sich gegenüber seiner Familie? Wenn die Frau moniert: „Jeden Abend nimmst du dir Arbeit mit!" und die Kinder klagen: „Nie bist du für uns da!"? Bekommt er ein schlechtes Gewissen, das er mit zur Arbeit nimmt und das ihm die Leistung verhagelt? Oder findet er Lösungen, die der Familie zu ihrem Recht und ihm zu einem motivierten Verkaufsauftritt verhelfen?

Ein guter Verkaufsleiter versucht ständig, Antworten auf diese Fragen zu bekommen. Denn er weiß: Die Antworten sind baren Umsatz wert. Grenzstabile Verkäufer verkaufen besser. Gute Verkaufsleiter sind wie gute Fußballtrainer: Ständig bemüht, ihre Spieler in kritischen Situationen noch nervenstärker, noch grenzstabiler, noch abgeklärter, noch überlegter und überlegener zu machen. Was haben Sie heute schon für Ihre Mannschaft getan? Wissen Sie von jedem Ihrer Verkäufer oder zumindest von zwanzig ausgewählten, in welchen Situationen sie grenzstabiler werden müssen? Wie sonst, wenn nicht mit Ihrer Unterstützung, sollen die Verkäufer grenzstabiler werden?

❑ Setzen Ihre Verkäufer sich durch allzu lockere Gesprächsführung selbst unter Zeitdruck?

❑ Haben sie genügend Gesprächsführungskompetenz, um Zeitdruck gar nicht erst aufkommen zu lassen?

❑ Treiben sie Kunden in eine Einwandblockade, indem sie deren Einwände lediglich sachlich und rhetorisch behandeln?

❑ Haben sie genügend Kompetenz, um Einwände auch emotional zu behandeln?

❑ Lassen sie sich durch Vergleiche mit dem Mitbewerb bluffen?

❑ Wissen sie, wie man den Mitbewerber-Bluff durchschaut?

❑ Lassen sie sich durch Glanz und Gloria beeindrucken?

❑ Oder verfügen sie über eine gesunde Unbekümmertheit gegenüber (fremden) Autoritäten?

❑ Geben sie in festgefahrenen Situationen zu schnell auf?

❑ Oder können sie die emotionalen Blockaden in der Situation aufspüren und auflösen?

❑ Verfügt jeder Ihrer Verkäufer über eine Not-Anker-Technik?

❑ Verkaufen sie nur (gut) an sympathische Kunden?

❑ Oder schaffen sie es, an jedem Kunden das zu finden und zu sehen, was ihn sympathisch machen könnte?

❑ Lassen sie sich vom Innendienst und der Auftragsabwicklung die Kunden vergraulen?

❑ Oder verfügen sie gegenüber beiden eine gesprächskompetente, kundenorientierte und selbstbewusste Selbstbehauptung?

❑ Ist ihre Familie ein Störfaktor für Leistung im Verkauf?

❑ Oder schöpfen sie neue Kraft und Motivation aus dem familiären Umfeld?

4 Der Scheuklappen-Verkäufer oder: Was der Kunde braucht

Verkäufer wollen nicht verkaufen

Mit einem Spitzenverkaufsteam ist jedes Verkaufsziel erreichbar, wirklich jedes. Das Problem ist nur: Wer hat schon ein Spitzenverkaufsteam? Die wenigsten. Daran ändern auch Incentives, Verkäuferwettbewerbe und Provisionserhöhungen nichts wesentlich. Das sind nur Strohfeuer. Diese Instrumente kratzen nur an der Oberfläche. Sie erreichen die wahre Ursache der Malaise nicht und die ist im Grunde ziemlich simpel: neunzig Prozent aller Verkäufer wollen gar nicht verkaufen. Als Kunden erleben wir das täglich.

Gehen Sie mal in eine Apotheke und fragen Sie nach einem Nasenspray. Wie viele Apotheker fragen Sie, ob Sie auch einen Erkältungstee, Aspirin, etwas für die Nacht, für den Husten, für den rauen Hals, für die Augen, für ... brauchen? Dabei weiß jedes Kind, dass ein Schnupfen niemals nur mit einer Beschwerde allein auftaucht. Warum verzichten Apotheker auf das Zusatzgeschäft? Haben sie den Umsatz nicht nötig? Apotheker sind nicht verkaufsgeschult. Guter Einwand. Dann denken Sie doch mal an den Stand Ihres privaten Kontokorrents. Wie viel ist dort drauf? Hat Sie Ihr Bankberater schon einmal gefragt, ob Sie das, was nach Analyse Ihrer mittleren monatlichen Auszahlungen nicht tagesnotwendig ist, rentabler und trotzdem rasch verfügbar anlegen wollen? Die wenigsten Bankberater tun es. Obwohl jeder Bankberater der Republik regelmäßig für den aktiven Verkauf geschult wird. Verkaufen sie? Nein, sie verwalten lieber. Sie wickeln das ab, was der Kunde sowieso hereinträgt. Und das nennen sie dann „Beratung".

✓ **TIPP**

Wie stark betreiben Ihre Verkäufer Cross-Selling? Wissen Sie, wie viel Umsatzpotenzial Ihnen dadurch verloren geht? Machen Sie den Test.

☑ **CHECKLISTE – Verkaufen Ihre Verkäufer wirklich alles, was sie verkaufen könnten?**

❏ Kennen Ihre Verkäufer den Bedarf jedes Kunden über seine aktuelle Bestellung hinaus? Kennen sie sein Potenzial? Qualitativ (was braucht er noch) und quantitativ (welche potenzielle Auftragssumme ergibt das)?

❏ Sprechen sie diesen Bedarf an? Wenn der Kunde A bestellen möchte, kommt das B des Verkäufers wie aus der Pistole geschossen? Kommt nur B oder das ganze Alphabet der Produkte, die der Kunde auch noch brauchen könnte?

❏ Wissen Ihre Verkäufer nach Abschluss eines Geschäfts bereits, welche Anschlussgeschäfte sie anknüpfen können? Welche Produkte sie dem Kunden vorschlagen können?

❏ Sprechen sie daraufhin den Kunden an? Immer? Hartnäckig genug?

Die meisten Verkäufer wissen zwar, was der Kunde will, aber nicht, was er braucht. Der Unterschied zwischen beidem ist das verschenkte Umsatzpotenzial. Warum wissen die Verkäufer nicht, was der Kunde braucht? Weil sie nicht verkaufen. Sie wickeln Aufträge ab. Obwohl man ihnen ständig auf allen Seminaren predigt: „Reißt die Scheuklappen herunter! Verkauft so breit wie möglich!" Aber sie tun es nicht. Warum nicht?

Wenn ein junger Verkäufer ins Unternehmen kommt, ist er motiviert, sammelt Adressen von Interessenten, liest Verkaufsbücher und ist in allen Belangen seiner Arbeit engagiert und interessiert. Das bleibt nicht lange so. Dafür sorgen seine Kollegen. Sie bedrohen ihn nicht offen: „Hör sofort auf zu verkaufen, sonst ..." Das wäre zu durchsichtig. Nein, sie gehen verdeckt vor. Sie unterhalten sich ganz einfach untereinander, der Neue hört beiläufig mit:

„Der Chef hat einen Vogel. Ich fahre doch nicht zweihundert Kilometer für einen Neukunden!"

„Ganz recht. Der kauft doch sowieso nichts."

„Meine Güte, da weiß man doch schon vorher, was rauskommt!"

„Das bringt doch nichts."

Binnen eines halben Jahres ist der hochmotivierte Jungverkäufer genauso abgestumpft wie seine Kollegen. Er verkauft nicht mehr. Er verteilt Prospekte und wickelt ab. Er denkt nur noch an sich, seinen Umsatz, seinen Vorteil und seine Verkaufsziele – nicht an den Kunden und seinen Bedarf. Er verkauft mit Scheuklappen. Was der Kunde ihm vor die Nase hält, akquiriert er. Alles andere sieht er nicht. Wann nehmen Sie ihm die Scheuklappen herunter? Und wie?

Runter mit den Scheuklappen

Von nichts kommt nichts. Wer Breitband-Verkäufer will, muss sie dazu trainieren, anhalten und fördern. Jeder Verkaufsleiter hat die Mitarbeiter, die er sich erzieht. Wer über seine Verkäufer klagt, sagt eigentlich nur: Mir fehlt die Führungs- und Trainingskompetenz, sie dorthin zu bringen, wo ich sie haben will.

✓ **TIPP** ———————————————————————————

Lösen Sie Jammerzirkel möglichst vollständig auf. In Jammerzirkeln werden Scheuklappen an Köpfen festgenietet.

Wer seine Verkäufer wie oben skizziert jammern und wehklagen hört und nicht mit dem Flammenschwert dazwischen geht, hat seinen Beruf verfehlt. Für die Abteilungskultur ist der Abteilungsleiter zuständig. Doch gewiefte Verkaufsleiter lassen es gar nicht erst so weit kommen. Sie stellen einfach keine Jammerlappen ein.

✓ **TIPP** ———————————————————————————

Vermeiden Sie Fehlbesetzungen. Stellen Sie erst gar keine scheuklappen-anfälligen Kandidaten ein.

Stellen Sie lieber kurzfristig keinen Neuen ein, bevor Sie einen schlechten Apfel einkaufen, der langfristig den ganzen Korb verdirbt. Jammerlappen bringen eine Prädisposition, eine erworbene Neigung zum Jammern mit. Sie kreisen in Gedanken ständig um sich selbst. Sie sehen sich, nicht den Kunden. Sie beschäftigen sich mit sich selbst, anstatt mit dem Kunden. Ein guter Bewerber hat das nicht nötig. Er ruht in sich selbst. Er weiß und sagt es Ihnen im Interview auf geschickte, indirekte Nachfrage auch, dass er ständig an den Fragen arbeitet und arbeiten muss:

● Interessiert der Kunde mich noch?
● Was weiß ich von ihm? Was noch nicht?
● Interessiert mich sein Umfeld? Mein Umfeld?

✓ **TIPP** ────────────────────────────────

Zeigen Sie dem Verkäufer Interesse. Was Sie ihm nicht zeigen, zeigt er seinen Kunden nicht.

Wenn ein Außendienst mehrheitlich mit Scheuklappen verkauft, weil er kein sichtbares Interesse am Kunden zeigt, dann können Sie darauf wetten, dass auch die Verkaufsleitung kein sichtbares Interesse am Außendienst zeigt. Was vorgemacht wird, wird nachgemacht.

Ein frustrierter Verkäufer: „Die Verkaufsleitung erwartet von uns, dass wir unseren Kunden Geburtstagskarten schicken. Seit zwanzig Jahren arbeite ich hier, aber glauben Sie, dass ich ein einziges Mal eine Karte bekam? Ich warte heute noch darauf." Das Problem dabei sind Verkaufsleiter, die schnauben: „Die Kerle sollen ihren Kunden Karten schicken. Wie komme ich dazu, meinen Verkäufern welche zu schicken?" So darf man denken. Wenn man die Konsequenzen tragen kann: Wie der Herr, so's Gscherr. Verkäufer interessieren sich so lange nicht für Kunden, solange sich niemand für sie interessiert. Der Kontaktleiter einer großen Werbeagentur sagt: „Wenn ich meine Kontakter bei Laune halte, halten sie unsere Kunden bei Laune. Tue ich es nicht, tun sie es nicht. So einfach ist das im Grunde."

✓ **TIPP** ────────────────────────────────

Zeigen Sie dem Verkäufer Interesse am Kunden. Was vorgemacht wird, wird nachgemacht.

Es ist schön, wenn Sie Interesse am Verkäufer zeigen. Das ist Ihre Aufgabe. Aber das reicht nicht. Der Verkäufer fühlt sich zwar geehrt, aber er weiß nicht, was Sie von ihm erwarten. Sagen Sie es ihm. Nein, nicht per Anweisung. Das hat bei diesem Thema doch bislang auch nicht funktioniert, oder? Zeigen Sie dem Verkäufer, worauf es Ihnen ankommt: Interesse am Kunden zeigen. Zu einfach? Sie werden lachen.

Den meisten Verkaufsleitern gelingt es nicht. Sie kreisen ständig um ihre alltäglichen Sorgen, ihre hohen Zielvorgaben, den aktuellen Umsatz, die Marktberichte, das ständige Druckmachen und Anschieben, dass auch sie den Kunden völlig aus den Augen verlieren – und sich dann wundern, dass es ihnen ihre Verkäufer nachmachen. Der Verkaufsleiter eines Spezialwerkzeuge-Herstellers im Schwarzwald hat es sich zur Gewohnheit gemacht, bei jeder Wochenbesprechung einen Verkäufer nach einem bestimmten Kunden zu fragen:

- Was macht Kunde X? Was ist sein Produktionsprogramm?
- Was hat er schon von uns? Was könnte er noch gebrauchen?
- Was davon bieten Sie ihm wann an?

Zu Beginn stotterten die Verkäufer noch herum: Sie hatten ihre Scheuklappen auf und wussten schlicht nicht, was links und rechts des aktuellen Auftrags lag. Inzwischen hat jeder Verkäufer verstanden, worauf es dem Vorgesetzten ankommt. Alle machen ihre Hausaufgaben, schauen nach links und rechts und sammeln umsatzträchtige, akquiseverwertbare Hinweise. Einige haben sogar eine „Hitliste" pro Kunde aufgestellt mit Angeboten, die sie ihm nach Abwicklung des aktuellen Geschäfts machen wollen. Und alle bringen seither Aufträge herein, an die sie vorher im Sinne des Wortes nicht mal dachten. Weil sie jetzt plötzlich *sehen*, wo der Kunde noch Bedarf haben könnte. Der Umsatz steigt wie nie zuvor. Und nur, weil der Verkaufsleiter Fragen stellt. Toller Return-on-Investment, nicht?

✓ **TIPP** ───────────────────────────────────

Kommen Sie vom Feuerlöschzug runter. Wenn Sie sich heute um die Scheuklappen Ihrer Verkäufer kümmern, ersparen Sie sich morgen den Feuerlöscheinsatz.

Wenn der Umsatz hinter den Zielen herhinkt, starten viele Verkaufsleiter einen Feuerlöscheinsatz. Sie schieben, machen Druck, loben Wettbewerbe aus. Sie behandeln lediglich die Symptome. Sie fragen sich nicht mal entfernt: Woran liegt es eigentlich? Schlimmer, manche sagen: „Ich weiß doch, woran's liegt. Die brauchen Feuer unterm Hintern!" Feuer unterm Hintern hat noch keine Scheuklappe vor den Augen entfernt. Doch das weiß ein Feuerlöschmann nicht. Er sieht nicht, wie seine Verkäufer links und rechts Aufträge liegen lassen, weil auch er Scheuklappen auf hat: Seine Verkäufer interessieren ihn nicht. Nur sein Umsatz. Ein Widerspruch in sich. Fühlen Sie Ihren Verkäufern auf den Zahn, sprechen Sie mit ihnen, hören Sie ihnen zu. Sie werden in den Gesprächen schnell bemerken, wo sich Gelegenheiten für Aufträge bieten. Und machen Sie sich auf eine Überraschung gefasst: Die Verkäufer werden Ihnen dankbar sein. Ein Nutzfahrzeug-Verkäufer: „Ich war richtig erstaunt. Letzte Woche hat mein Chef mir zum ersten Mal einen Hinweis auf einen Zusatzauftrag gegeben. Bisher hat er mir immer nur Druck gemacht und mich an meine Ziele erinnert."

✓ **TIPP** ————————————————————————————————

Fordern Sie den Breitbandverkauf ein. Gemacht wird, was eingefordert, beachtet und anerkannt wird.

Eine Aufgabe, für die sich niemand interessiert, bleibt liegen. Wie wollen Ihre Verkäufer wissen, dass Ihnen das Interesse am Kunden wichtig ist, wenn Sie es ihnen nicht sagen? Das ist wie mit Fußballspielern. Man muss es ihnen nicht einmal sagen, dass Zweikampfverhalten wichtig ist, sondern ständig und immer wieder. Unterhalten Sie sich mit Ihren Verkäufern. Fragen Sie nach. Was weiß er über seine Kunden? Interessieren sie ihn? Und wenn nicht: Machen Sie ihn darauf aufmerksam, wie wichtig Ihnen das ist und dass er damit auf leichte und einfache Weise mehr Geschäft machen kann. Wenn das dem Verkäufer immer und immer wieder, bei jeder möglichen und unmöglichen Gelegenheit gesagt wird, setzt es sich langsam, aber sicher in seinem Kopf und seinem Verhalten fest.

Ein Verkaufsleiter sagte mir auf diese Empfehlung hin einmal: „Wie soll ich denn ständig einfordern? Die meisten sehe ich doch nur einmal im Monat!" Ein Verkaufsleiter, der seine Verkäufer einmal im Monat spricht, ist wie ein Kapitän, der einmal im Monat auf der Brücke erscheint: hilflos dem Ozean ausgeliefert. Spitzenverkaufsteams fallen nicht vom Himmel. Wenn Sie irgendwo ein Spitzenverkaufsteam sehen, dann können Sie sicher sein, dass der Vorgesetzte ständig dabeisteht und die Jungs trainiert. Er

● fährt ein- bis zweimal im Monat mit jedem Verkäufer mit,
● hält jeden oder jeden zweiten Monat eine Teambesprechung,
● telefoniert zwei- bis dreimal pro Woche mit jedem Verkäufer.

Bei bis zu zwanzig Verkäufern ist das zeitlich problemlos machbar. Wer eine größere Führungsspanne hat, hat ein strukturelles Problem. Wer die Zeit nicht findet, sollte sich fragen, ob er für das Verwalten oder für das Führen bezahlt wird.

Jeder hat mindestens einen Spitzenverkäufer. Viele Vorgesetzte sagen
über ihn: „Der läuft von alleine. Den muss ich nicht mehr anstoßen."
Ein schlimmer Irrtum. Selbst ein Spitzensportler braucht ständig einen
Trainer. Gerade Spitzenleute betonen immer wieder, wie wichtig für sie
ein guter Trainer ist. Auch Spitzenleute, die von alleine laufen, laufen
irgendwann ins Leere. Auch mit ihnen müssen Sie reden und nachschau-
en, ob sie noch Interesse am Kunden zeigen oder ein klärendes Gespräch
brauchen.

Was braucht ein Fußballer, um in Form zu bleiben? Training. Es gibt
Sportarten, da reicht ein trainingsfreier Tag aus, um sich um eine ganze
Spielklasse zu verschlechtern. Volleyball zum Beispiel. Ein Zuspieler, der
nicht täglich einige Hundert Bälle zuspielt, verliert „den Touch", „das
Feeling", die Präzision, die Übung. Und Volleyball ist nicht halb so
komplex wie Verkaufen. Bauen Sie in jedes Team-Meeting einen kleinen
Test ein. Natürlich ohne erhobenen Zeigefinger und Oberlehrer-Attitü-
de. Setzen Sie sich einfach alle im Kreis zusammen und gestalten Sie es
als eine Art Fernseh-Quiz, bei dem alle gleichzeitig die Lösung zurufen
können. Die Frage lautet:

● Wenn ein Kunde Produkt X will und seine Bedarfslage so und so
  ist – was bieten Ihre Verkäufer ihm zusätzlich, als Ergänzung, Er-
  weiterung, als Nachfolgeauftrag an?

● Welche Fragen können Ihre Verkäufer stellen, um weiteren Bedarf
  zu ermitteln? Welche Indizien weisen darauf hin?

Das setzt natürlich voraus, dass Sie selbst mitreden können. Am Anfang
fällt den Verkäufern meist nicht viel ein. Das braucht etwas Übung. Aber
man kann das Quiz so gestalten, dass es Spaß macht. Dann lernen die
Verkäufer schnell.

CHECKLISTE – Breitband-Verkauf

- ☐ Welches Interesse zeigen Ihre Verkäufer (noch) an Kunden?
- ☐ Merken Sie es oder ist Ihr Interesse an Ihren Verkäufern zu gering?
- ☐ Generiert das Interesse der Verkäufer ständig neue Verkaufsgelegenheiten und Nachfolgegeschäfte?
- ☐ Wenn nicht: Welche der oben aufgeführten Tipps wollen Sie zuerst ausprobieren?
- ☐ Bis wann wollen Sie Ihre Verkäufer so weit haben, dass sie vor Interesse brennen?
- ☐ Woran genau werden Sie das erkennen (Zielkriterien)?

5 Unfug Kundenbindung: Verträge und Emotionen binden

Was der Kunde nicht will, soll ihn binden?

Man sollte meinen, dass jeder professionelle Geschäftsführer und jeder Verkaufsleiter ein kaum steigerungsfähiges Interesse daran hat, dass möglichst viele Kunden möglichst lange möglichst viel ordern. In der Realität sieht die Sache anders aus. In vielen Unternehmen kommt, geht und ordert der Kunde, wann er will. Die Führungskräfte hetzen zwar wie wild hinter ihren Umsatzzahlen her. Doch auf der anderen Seite drehen sie sich nicht um, wenn ein Kunde abspringt. Das ist Entwicklungsstufe Null der Kundenorientierung: keine Sensibilisierung vorhanden.

Andere Unternehmen sind da etwas fortschrittlicher. Sie haben erkannt, dass es besser ist, einen Kunden zu (be)halten, als sich einen neuen suchen zu müssen. Kundenbindung wird zum Geschäftsziel. So richtig diese Zielsetzung ist, so falsch sind die Handlungen, die sich daraus häufig ableiten. Die zur „Kundenbindung" angebotenen „Zusatzleistungen" sind zwar alle gut gemeint. Doch der schlimmste Feind von „gut" ist „gut gemeint". Ein Verkäufer berichtet: „Neulich zeigte mir der Besitzer eines Eisenwarenhandels, den ich regelmäßig besuche, voll Stolz seine Initiative zur Kundenbindung. Es waren zehn Punkte, von denen einer lautete: ‚Geschenkgutscheine'."

Etwas verwundert fragte ich ihn, ob das in seiner Eisenwarenhandlung denn so oft verlangt würde. „Nein", sagte er, „aber so bindet man Kunden. Ich habe nicht einmal versucht, ihn vom Holzweg abzubringen."

✓ **TIPP** —————————————————————————————————

Die meisten Aktionen und „Zusatzleistungen" zur Kundenbindung sind
umsonst, weil die Kunden

- ❑ das gar nicht wollen,
- ❑ es nicht annehmen,
- ❑ nicht verstehen, was ihnen das bringen soll,
- ❑ nie gefragt werden, was sie wirklich wollen.

Die Säule der herkömmlichen, nur schwach wirksamen Kundenbindung
sind die so genannten Services: Zusatzangebote, die die Geschäftsleitung
gut findet – nicht der Kunde, denn der wurde meist nicht gefragt.
Kundenbindung kann man damit nicht erzielen. Und stellt sich das dann
irgendwann heraus, sagt der Unternehmer: „Wusste ich's doch. Kundenbindung funktioniert nicht."

✓ **TIPP** —————————————————————————————————

Kundenbindung ist nicht das, was dem Management gefällt, sondern
das, was dem Kunden gefällt. Der Wurm muss dem Fisch schmecken,
nicht dem Angler. Wissen Sie, was der Fisch will?

Eine Bank bietet ihren Kunden mit deren persönlichen Daten vorge-
druckte Überweisungsformulare an. Als ein Kunde am Schalter das
dankend ablehnt, reagiert der Schalterbeamte verwundert: „Warum
wollen Sie das nicht? Das ist doch so nützlich!" Und er setzt alles daran,
dem Kunden die Formulare gegen seinen ausdrücklichen Willen zu
„verkaufen". Der Kunde zieht leicht verstört von dannen. Als ihn ein
Kollege auf die Gesprächskatastrophe anspricht, sagt der Schalterbeamte: „Wieso? Das ist doch unser Hauptinstrument der Kundenbindung.
Das müssen wir doch an den Mann bringen. Wie wollen wir ihn denn
binden, wenn er das nicht will?"

In dieser Bank gilt offensichtlich der Grundsatz: Kundenbindung ist,
dem Kunden etwas anzubieten, was dieser nicht will. – Natürlich ist es
genau umgekehrt.

Die beste Kundenbindung

✓ **TIPP** ───

Die beste Kundenbindung ist immer noch, dem Kunden das zu geben, was er will. Wissen Sie, was er will? Wissen es Ihre Verkäufer? Wie finden Sie und Ihr Team das heraus?

Natürlich schlägt kein Kunde ein Werbegeschenk aus! So etwas nimmt man gerne mit. Aber das ist kein Indiz für Kundenbindung, nicht einmal für Kundenzufriedenheit. Verkäufer, die das nicht erkennen, werden regelmäßig enttäuscht: „Die Bundesliga-Karten hat er letzten Monat dankend genommen – und diesen Monat springt er ab. Undankbarer Kerl!" Ein Fehlschluss. Wenn der Kunde trotz Karten abspringt, waren die Karten offensichtlich nicht das, was er erwartete. Dem Kunden zu geben, was er erwartet, genauer, was er braucht, ist daher die beste Kundenbindung. Sie wird nur von Spitzenverkäufern und Spitzenorganisationen beherrscht, denn sie fällt nicht leicht.

Ein Verkäufer sagt: „Wir sind bis oben zu mit Aufträgen. Ich kann nicht termintreu liefern." Also schenkt er dem Kunden zwei Bundesliga-Karten und bezeichnet das als „Kundenbindung". Demnach ist „Kundenbindung" das, was man dem Kunden als Ersatz für echte Leistung anbietet. Die Blumen, die der Gatte im Morgengrauen mit nach Hause bringt, wenn er mit den Kegelbrüdern durchgezecht hat. Das durchschaut jede Gattin sofort. Und Kunden sind so klug wie Ehefrauen.

Aber wenn die Fertigung doch tatsächlich nicht termintreu liefern kann! Da kann der Verkäufer doch wirklich nichts tun! Seltsam, dass dieser Einwand immer nur von schlechten Verkäufern kommt. Die guten klagen nicht, dass sie nichts machen können, sie machen. Sie verhandeln mit der Fertigung, sie ringen ihr zumindest eine vorgezogene Teillieferung ab, sie durchstöbern die Lager, sie verkürzen die Liegezeiten des Auftrags, sie beschleunigen den Lieferweg, sie drängen auf vorgezogene Qualitätsprüfung, ... Kurz: Sie haben Bundesliga-Karten und ähnliche Tricks der „Kundenbindung" nicht nötig, weil sie Leistung bieten. Wer keinen Kundenwunsch offen lässt, hat billige Kundenbindung nicht nötig.

Wissen Ihre Verkäufer das? Und wenn nicht, warum wohl nicht? Erinnern Sie sie bei jeder passenden und unpassenden Gelegenheit daran, wie wichtig es ist, den Kunden über die Erfüllung seiner Wünsche zu binden? Wissen Ihre Verkäufer überhaupt, was die Kunden wollen?

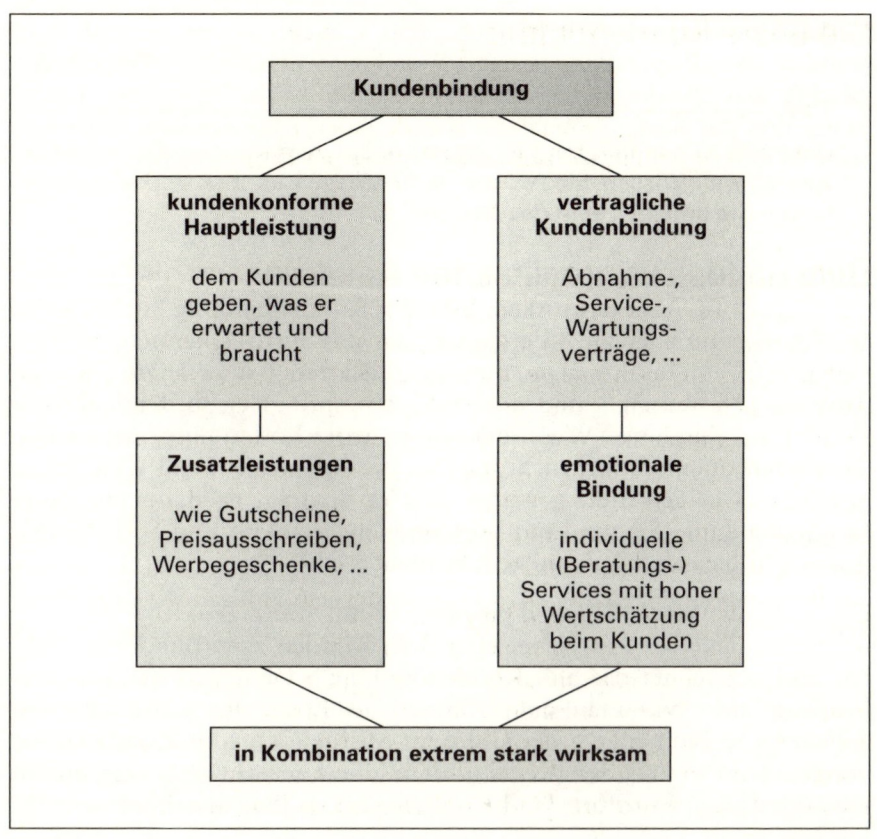

Wissen Sie, ob sie das wissen? Fragen Sie sie oft genug nach? Warum nicht? Weil Kundenbindung über Leistung einen entscheidenden Haken hat: Man kann sie nicht vollständig den Verkäufern delegieren. Denn dass die Fertigung zu langsam fertigt, sagt Ihnen jeder Verkäufer sofort, wenn Sie ihn nach den Kundenwünschen fragen.

✓ TIPP ─────────────────────────────────

Wer Kunden über Leistung binden will, muss jene Kundenwünsche, die der Verkäufer tatsächlich nicht erfüllen kann, für ihn erfüllen.

Wenn nicht bei diesem Auftrag, dann beim (über)nächsten. Das heißt, die eigenen Prozesse und Kapazitäten so lange zu verändern, bis sie den Kundenwünschen, die man für erfüllenswert hält, gerecht werden. Das macht Arbeit. Das erfordert Veränderungen. Viel einfacher ist es, dem

Verkäufer zu sagen: „Wir können nicht schneller liefern. Schenk dem Kunden zwei Bundesliga-Karten." Wer Kundenwünsche nicht erfüllen möchte, hat allerdings die so genannte Kundenbindung nötig. Leider bringt ihm das wenig. Sobald der Kunde einen Anbieter findet, der ihm seine Wünsche erfüllt, nützen auch Bundesliga-Karten nichts.

Dem Kunden vertraglich den Absprung verbieten

Was deutsche Manager unter Kundenbindung verstehen, ist ein Rätsel. Es hat mich schon immer interessiert, wozu Preisausschreiben gut sind. Also fragte ich dazu einen Marketing-Strategen. Der antwortete mir: „Na, ist doch klar, zur Kundenbindung!" Würden Sie einen Ford kaufen, auch wenn der vergleichbare Opel eindeutig das ist, was Ihren Wünschen am nächsten kommt? Nur weil sie mal bei Ford ein Plüschtier gewonnen haben? Diese Art der „Kundenbindung" ignoriert völlig den eigentlichen Kundenwunsch. Sie macht sich noch nicht mal die Mühe, ihn herauszufinden. Klar, es ist viel einfacher, ein Plüschtier zu verschenken als herauszufinden, welches Angebot den Kunden glücklich macht.

Die weitaus meisten Kunden lassen sich ganz hervorragend über die Erfüllung ihrer Wünsche binden. Wer bekommt, was er will, hat keinen Anlass zu wechseln. Die Ausnahme davon sind die besonders preisbewussten Kunden. Das sind unter den Endverbrauchern die so genannten Pfennigfuchser. Unter den Unternehmen sind es jene mit einer nicht konsequenten Einkaufspolitik. Beide kaufen oft und gerne mindere Qualität, solange diese die entscheidenden Pfennige billiger ist. Sobald der Mitbewerb ein Sonderangebot macht, sind sie weg. Diese Kunden lassen sich nicht über Preisausschreiben oder Qualität binden. Aber sie lassen sich vertraglich binden.

✓ **TIPP** ────────────────────────────────

Pfennigfuchser lassen sich vertraglich binden. Mit einem Abnahmevertrag.

Eigentlich ein etwas verrückter Gedanke: Man verbietet dem Kunden vertraglich, abzuspringen. Das gibt es doch nicht! Gibt es doch. Der Vertrag hat einen Namen: Abnahmevertrag. Mit diesem einfachen Instrument können Sie die Preis-Wackelkandidaten so binden, dass sie nicht einmal daran denken, abzuspringen. Das Prinzip ist denkbar einfach: Wenn der Kunde eine bestimmte Jahresmenge abnimmt, bekommt er eine festgelegte Rückvergütung, mit der er besser fährt, als wenn er ständig Sonderangebote des Mitbewerbs aufpickt. Dann bleibt der Kunde treu. Weil er sein Schnäppchen nicht dann macht, wenn er springt, sondern wenn er bleibt. Dann rechnet sich Treue für ihn – und für Sie auch. Denn Sie behalten den Kunden.

✓ **TIPP** ————————————————————————————

Um einen für beide Seiten lohnenden Abnahmevertrag aufzusetzen, muss man lediglich rechnen können. Die Abnahmemenge muss

❑ aus Sicht des Kunden realistisch, also nicht zu hoch, sein.
❑ aus Ihrer Sicht den Preisnachlass rechtfertigen, darf also nicht zu tief liegen.
❑ attraktiver sein als die zu erwartenden sporadischen Sonderangebote des Mitbewerbs.
❑ deutlich diesseits der Knebelgrenze liegen.

Nicht jeder Kunde akzeptiert einen Abnahmevertrag. Aber wer ihn akzeptiert, gibt damit eine Umsatzgarantie – was gibt es Schöneres? Die Zeitungs- und Zeitschriften-Verlage, die Telekommunikation mit ihrem Preselect-Verfahren und die Energieversorger – um nur einige Branchen zu nennen – arbeiten seit Jahren höchst erfolgreich mit diesen Abnahmeverträgen, zur beiderseitigen Zufriedenheit. Man hat nämlich festgestellt, dass die Abnahmebindung seltsamerweise nicht nur die Kundentreue, sondern auch die Kundenzufriedenheit erhöht. Jede Seite ist fest davon überzeugt, das bessere Geschäft gemacht zu haben.

✓ **TIPP** ————————————————————————————

Verwandte Instrumente der Kundenbindung sind Service-, Wartungs- und Betreuungsverträge.

Auch diese Verträge binden Kunden ans Unternehmen, ohne dass man ständig in Kundenbindungsaktivitäten investieren müsste. Ein Vertrag ist immer noch die beste Kundenbindung.

Die emotionale Kundenbindung

Vergleichen Sie doch mal die Kundenverweildauer bei Ihren Verkäufern. Das setzt zunächst ein funktionierendes Vertriebscontrolling voraus. Doch es gibt kaum etwas, was interessanter ist als der Vergleich der Verkäufer untereinander. Damit kann man zum Beispiel sämtliche Beschwerden der Jammer-Fraktion mit einem Argument entwerten: „Wieso schaffen das dann die Kollegen Meier, Müller und Schmidt? Die haben laut Statistik keine Probleme damit."

Wenn Sie Verkäufer haben, die weniger Kunden verlieren als die restlichen und deren Kunden im Schnitt länger bleiben, dann korreliert das sicher mit der Fachkompetenz, der rhetorischen Fähigkeit, dem Grad der Wunscherfüllung des Kunden und dem Einsatz von Abnahmeverträgen. Aber eine Fähigkeit wird Ihnen besonders ins Auge fallen: die emotionale Kompetenz des Verkäufers.

✓ **TIPP** ————————————————————————————————————

Trainieren Sie die Fähigkeit Ihrer Verkäufer, ihre Kunden emotional zu binden. Fordern und fördern Sie diese Kompetenz.

Ein Beispiel: Ein Verkäufer, den ich persönlich gut kenne, kennt sich wirklich hervorragend im Internet aus. Das tun viele Verkäufer. Doch dieser Verkäufer setzt seine Fähigkeit für die Kundenbindung ein. Er weiß, wo es was zu holen gibt. Wenn irgendjemand etwas Ausgefallenes braucht, heißt es: „Frag den Müller, der weiß das." Er mailt seinen Kunden ständig seine Schnäppchen-Fundstellen. Nicht jedem alles! Er weiß, was jeden Kunden interessiert und mailt nur dies. Er macht das völlig unprätentiös und ohne jede Verkaufsformulierung. Er mailt nur: „Dachte, das könnte Sie interessieren." Deshalb wirkt es doppelt für den Verkauf!

Denn der Kunde erkennt dahinter keine Verkaufsabsicht, wie bei den Werbegeschenken der Mitbewerber. Er sieht dahinter ein ganzes Wertesystem: Ich möchte dich nicht abzocken. Nicht dein Auftrag ist mir wichtig, du bist mir wichtig. Was dich interessiert, interessiert mich. Hilfst du mir, helfe ich dir. Ich biete keine Produkte an, ich biete Dienstleistung. Ich verhalte mich fair und partnerschaftlich.

Das alles steht in tausend Prospekten auch drin – nur dort wirkt es nicht glaubwürdig. Wer dagegen ständig, über Monate von seinem Verkäufer einen Service bekommt, den er wirklich brauchen kann, bei dem fällt irgendwann der Groschen: „He, der zockt mich nicht ab! Das ist ein feiner Kerl." Der Verkäufer wird zum Berater, dann zum Freund. Und Freunde werden nicht ausgetrickst. Das teure Werbegeschenk kann sich der Kunde auch selbst kaufen. Aber diesen Service nicht.

Jeder Verkäufer hat die Fähigkeiten und die Chance, einen solchen Service anzubieten. Eine Pharma-Referentin zum Beispiel hat sich auf Wirtschaftlichkeits-Analysen spezialisiert und wird jetzt sogar von ihren Ärzten angerufen – ein absolutes „Unding" in der Branche. Der Vertreter eines deutschen Fachverlags kann Warenwirtschaftssysteme besser erklären als die Verkäufer der Warenwirtschaftssysteme – deshalb ist er bei seinen Buchhändlern immer gern gesehen.

✓ **TIPP** ————————————————————————————————————

Welches ist Ihre Stärke, die Sie für die emotionale Kundenbindung einsetzen können? Welche Stärken besitzen Ihre Verkäufer? Was muss der Verkäufer tun, um diese Stärke bei den Kunden zum Tragen zu bringen? Wie können Sie ihn dabei unterstützen?

Ein Hinweis für Fortgeschrittene: Einige Verkäufer wenden gegen die emotionale Kundenbindung ein: „Aber das ist doch wieder nur ein Zusatzangebot. Ich denke, Zusatzangebote binden nur schwach!?" (siehe Schaubild auf Seite 68) Solche Kandidaten sollten Sie auf lange Sicht aus dem Team nehmen. Die haben nicht tolerierbare Schwächen bei der Wahrnehmung der Kundenwünsche. Auf kurze Sicht können Sie zumindest versuchen, ihnen das kleine Einmaleins der emotionalen Kundenbindung zu vermitteln. Etwa: Angenommen, Sie schenken erwähntem Buchhändler ein tolles Werbegeschenk. Was wird ihn stärker binden? Das Geschenk oder die Beratung über das Warenwirtschaftssystem? Letzteres natürlich. Denn das ist etwas, was der Kunde sehr viel stärker wertschätzt.

Verkäufer jedoch, die Wertschätzung nicht wahrnehmen können, haben damit große Probleme. Sie erkennen sie an Aussprüchen wie: „Das Werbegeschenk hat immerhin eine Stange Geld gekostet. Warum wirkt das beim Kunden nicht?" Für die Kundensicht sind solche Menschen blind. Wenn sie nicht die Konsequenzen daraus ziehen, tun Sie es.

Arbeiten Sie die Checkliste auf der folgenden Seite Punkt für Punkt durch. Das riecht nach Arbeit? Korrekt. Von nichts kommt nichts. Es gibt keine Schlaraffenland-Rezepte im Vertrieb. Aber das ist nicht das Problem. Das Problem ist: Für wirklich erfolgreiche Geschäftsführer, Verkaufsleiter und Verkäufer stellt das keine Arbeit dar, sondern eine Herausforderung. Sie *wollen* Kunden binden und fühlen bereits das Kribbeln im Blut, wenn sie nur daran denken, welche neue Maßnahme zur Kundenbindung sie demnächst wieder einsetzen.

Wer dieses Kribbeln nicht (mehr) spürt, für den ist die folgende Checkliste wirklich nur Arbeit: Dann lassen Sie es lieber. Zwingen Sie sich nicht. Druck und Zwang sind nur ganz kurzfristig wirkende Motivatoren. Reden Sie mit Ihrem persönlichen Coach. Mit ihm zusammen werden Sie den Spaß (wieder) finden, den man im Vertrieb haben kann. Vertrieb, Verkaufen, Kunden binden macht echt Spaß, wenn Sie den (Motivations-)Bogen raus haben. Wie Sie innere Blockaden abbauen und die Fähigkeit erwerben und pflegen, sich selbst zu motivieren, erörtern wir vertieft in Kapitel 9.

☑ CHECKLISTE – Kunden binden

☐ Verfügen Sie über ständig aktuelle, zuverlässige und aussagekräftige Daten zu Verweildauer und Fluktuation Ihrer Kunden, auch bezogen auf einzelne Verkäufer, Verkaufsgebiete, Produktgruppen, Verwendungssituationen, Reklamationsverläufe, Werbeaktionen ...?

☐ Wenn nicht, warum nicht? Gute Systeme zur statistischen Vertriebsunterstützung laufen auf jedem PC.

☐ Werden Verkäufer mit hoher Verweildauer umsatzaktiver Kunden und geringer Fluktuation von Ihnen anerkannt, gefordert und gefördert? (Sie wissen: Gemacht wird, was beachtet und belohnt wird.)

☐ Werden Aussteiger-Gespräche geführt, um herauszufinden, weshalb die Kunden wechseln?

☐ Werden diese Gespräche statistisch ausgewertet und die Gründe in eine ständige Rangreihenfolge gebracht?

☐ Wird an den Gründen gearbeitet?

☐ Welche Instrumente der Kundenbindung werden derzeit eingesetzt?

☐ Sind das wirklich jene Instrumente, die sich die Kunden wünschen? Wissen Sie das oder nehmen Sie das nur an?

☐ Werden bislang unerfüllbare Kundenwünsche dokumentiert und zur Lösung projektiert?

☐ Liegen standardisierte und binnen weniger Tage kundenspezifisch modifizierbare Abnahme-, Wartungs-, Service- und Betreuungsverträge vor?

☐ Setzen Ihre Verkäufer die emotionale Kundenbindung bei wirklich jedem Kunden ein?

☐ Verfügen Sie und Ihre Verkäufer dafür über die nötige emotionale Intelligenz, die geschärfte Wahrnehmung der Kundenwünsche und die Fähigkeit, durch die Brille des Kunden zu sehen?

☐ Wie, mit welchen Trainingsmaßnahmen und welcher Gesprächsaufbereitung unterstützen Sie diese Fähigkeiten?

„Ich bin in den Außendienst gegangen, weil ich es nicht mag, wenn mir ein Vorgesetzter ständig über die Schulter schaut."
Verkaufsingenieurin

6 Verkäufern auf die Finger schauen: Vertriebscontrolling

Niemand weiß, was ein Verkäufer wirklich tut

„An schönen Tagen treffen Sie unseren Außendienst am ehesten im Straßencafé", sagt der Geschäftsführer eines Unternehmens für Profilteile. „Das finde ich völlig in Ordnung." Ist der Mann übergeschnappt? Nein. Er weiß lediglich: Verkaufen ist hart, und wer sich bei dreißig Grad einen Eiskaffee gönnen will, den halten keine zehn Pferde davon ab – solange der Geschäftsführer weiß, was die Verkäufer vor und nach dem Eiskaffee machen. Das ist der Witz dabei. Dieser Witz heißt Vertriebscontrolling. Die Pointe hat sich noch nicht sehr weit herumgesprochen.

Denn in der Regel weiß selbst in Großunternehmen niemand so genau, was eigentlich los ist im Verkauf, wo der Umsatz bleibt, was die Verkäufer überhaupt machen und wie oft sie zu welchen Zielgruppen hinausfahren. Es ist eine tägliche Erscheinung im Innendienst, dass Kunden anrufen, die besucht werden wollen, und darauf zu hören kriegen: „Wieso? War der Verkäufer nicht letzte Woche bei Ihnen?" Nein, war er nicht, aber das wissen nur der Verkäufer und der Kunde. Überschlagen Sie mal, wie viel Umsatz, Kundenzufriedenheit, Image und Kunden allein durch diese an mangelnden Überblick gekoppelte Besuchsschlamperei verloren gehen ...

Es ist im Grunde egal, was ein Verkäufer sonst noch so macht, solange bekannt ist, was er wo mit wem (nicht: wann!) und mit welchem Ergebnis macht. Aber genau das ist die krasse Ausnahme: Meist weiß kein Mensch, wen der Verkäufer besucht und wen nicht. Deshalb weiß man auch nicht,

- wen er noch nicht oder überhaupt nicht besucht,
- welche Zielgruppen er super und welche er sporadisch pflegt,
- wo also noch Umsatzpotenziale innerhalb einer Zielgruppe und
- wo ganze Zielgruppen offen sind.

Diese offenen Potenziale sind beträchtlich. Aber man sieht sie in der Regel nicht, weil man dem Außendienst nicht auf die Finger schaut. Das ist der springende Punkt.

✓ TIPP ────────────────────────────────

Vertriebscontrolling bringt Umsatz. Allein zu wissen, was die Verkäufer tun und noch nicht tun, eröffnet große Umsatzpotenziale. Wissen ist Marktmacht.

Widerstand gegen Vertriebscontrolling

Zu wissen, was im Verkauf los ist, heißt in einem Wort Vertriebscontrolling. Das ist zwar ein großes Wort – aber im Grunde beginnt Controlling ganz einfach: mit Reiseberichten. Doch Wochenberichte in einer Firma mit 120 Verkäufern einzuführen, die Jahre lang nicht berichten mussten, ist nicht einfach. Alles wehrt sich mit Händen und Füßen dagegen, was durchaus verständlich ist. Bislang hat es doch auch gut ohne funktioniert, oder? Dass diese Widerstände jeder logischen Grundlage entbehren, erlebt man in Unternehmen, in denen Verkäufer vom ersten Tag an berichten müssen: Da sagt keiner auch nur ein Wort dagegen. Das ist nur eine Sache der Gewöhnung. Wenn Verkäufer vom ersten Tag an Berichte führen müssen, sind sie nichts anderes gewohnt.

✓ TIPP ────────────────────────────────

Fangen Sie so früh wie möglich mit Reiseberichten an. Je später, desto größer der Widerstand gegen die Einführung.

Dass jedes Unternehmen mit Vertriebscontrolling erhebliche Umsatzreserven erschließen kann, dass ein Vertriebsleiter ohne Controlling praktisch im Blindflug unterwegs ist und auf Gedeih und Verderb den Reisepraktiken seiner Verkäufer ausgeliefert, dass Verkäufer große Unterstützung aus der Analyse ihrer gesammelten Berichte ziehen können und dass es aus all diesen und mehr Gründen einfach zwingend notwendig ist, den Vertrieb zu controllen, ist eigentlich jedem klar. Das ist nicht das Problem. Das Problem ist, dass selbst jene, denen das völlig klar ist, oft erbitterten Widerstand leisten.

Dieser Widerstand beginnt ganz oben. Ein Geschäftsführer sagt: „Ich brauche keine Berichte – ich habe doch den vollen Überblick bei nur drei Verkäufern!" Er weiß es nicht, aber mit diesem Irrtum im Managerkopf wird er innerhalb von zwei Jahren die Existenz seines Unternehmens aufs Spiel setzen. Denn genau dann, wenn er Vertriebscontrolling noch nicht braucht, braucht er Vertriebscontrolling. Wenn er bereits auf zehn Verkäufer expandiert hat, verliert er schneller den Überblick, als er Berichte einführen kann. Denn jetzt rebelliert alles gegen die Reiseberichte. Jetzt ist der Geschäftsführer wirklich schlecht dran, denn jetzt ist er zum Blindflug verurteilt.

✓ **TIPP** ────────────────────────────────

Führen Sie Vertriebscontrolling gerade dann ein, wenn Sie es noch nicht brauchen. Wenn Sie es brauchen, ist es zu spät.

Die Amerikaner sagen: „Dig that well before you're thirsty – grab deinen Brunnen, bevor du Durst hast." Der Widerstand gegen Vertriebscontrolling beginnt beim Geschäftsführer und setzt sich fort beim Vertriebsleiter. Ja, selbst der Vertriebsleiter, der vom Mehrumsatz durch Controlling am ehesten profitiert, beißt oft die Hand, die ihn füttern könnte. Er sagt das nicht offen. Er versteckt das hinter Scheinargumenten wie „Das ist doch alles viel zu kompliziert!". „Die Verkäufer sollen verkaufen und keine Berichte schreiben", sagte mir der Vertriebsleiter eines Aufzugbauers unlängst. Dass Berichte mehr Umsatz bringen als hektische Reisetätigkeit, wusste er zwar, aber er konnte es nicht sagen, denn er hatte etwas zu verbergen. Diese Sturköpfigkeit verbittert viele Geschäftsführer und Controller: „Ich verstehe unseren Vertriebsleiter nicht. Will er den Mehrumsatz nicht, den wir durch Controlling erzielen könnten?" Und sie geben enttäuscht die Initiative auf oder schieben das Vorhaben auf die lange Bank. Tun Sie das nicht!

✓ **TIPP** ────────────────────────────────

Seien Sie nicht überrascht oder enttäuscht, wenn Sie Vertriebscontrolling einführen wollen und auf irrationalen, manchmal kindischen Widerstand, durchsichtige Scheinargumente und offene Verzögerungstaktiken treffen. Rechnen Sie damit.

Widerstand verstehen und auflösen

Die Überwindung dieses Widerstands ist die eigentliche Aufgabe die Einführung des Controllingsystems ist verglichen damit „ein Klacks". Warum wehren sich Menschen gegen etwas, das ihnen auf lange Sicht Umsatz bringt? Weil es sie auf kurze Sicht etwas kostet. Und die eigenen, kleinen persönlichen Kosten sind natürlich viel wichtiger für sie als der große Mehrumsatz des Unternehmens. Die persönlichen Kosten sind die Kosten der Entlarvung.

✓ **TIPP**

Wenn Vertriebs-, Verkaufsleiter oder Verkäufer etwas gegen Berichte und Controlling haben, haben sie etwas zu verbergen.

Sie fürchten, dass man ihnen auf die Schliche kommt. Dass die schwach bearbeiteten Marktsegmente, die Kostenreserven, die Kaffee- und Blindbesuche, die löchrige Besuchspraxis, die sträfliche Vernachlässigung der permanenten Akquise, des Empfehlungsmarketings, die schwache Grenzstabilität, die Scheuklappen, die mangelnde Kundenbindung, die fast fehlende Neuakquisition und andere Schwachstellen ans Tageslicht kommen. Das ist nicht zu verhindern. Das kommt beim Controlling immer heraus.

Zu verhindern ist jedoch, dass daraus eine Hexenjagd veranstaltet wird. Der Geschäftsführer eines Metallbauers sagte zu seinem Außendienst: „Leute, eure Kaffeebesuche sind mir ganz egal. Ich will wissen, wo die Umsatzchancen liegen. Wenn ich euch bestrafen wollte, könnte ich das auch ohne Controlling. Ich bin schließlich der Boss hier." Dieses Signal reichte den Verkäufern aus.

Als der Geschäftsführer diese Predigt zum x-ten Male gehalten hatte, gaben sie ihren Widerstand auf, weil der Grund dafür wegfiel: die berechtigte Sorge um die eigene Karriere.

✓ **TIPP**

Nehmen Sie Ihrem Außendienst die Angst. Sagen Sie schon Wochen vor Systemeinführung und danach immer wieder klipp und klar, dass Sie nicht nach Schuldzuweisungen, sondern nach Umsatzchancen suchen – und achten Sie darauf, dass Ihre Taten Ihre Worte nicht Lügen strafen.

Das setzt voraus, dass es Ihnen ernst damit ist. Vielen Führungskräften ist es das nicht. Sie führen Vertriebscontrolling nicht ein, um den Verkäufern auf die Finger zu sehen, sondern um ihnen auf die Finger zu klopfen. Das hat noch nie funktioniert. Wer Controlling mit Kontrolle verwechselt, schießt sich ins eigene Bein. Controlling ist nicht Kontrolle, sondern bedeutet Aufdecken von Umsatzchancen. Verkäufer sind nicht dumm. Wer Luftbesuche machen kann, kann auch Berichte fälschen (was übrigens in kontrollsüchtigen Unternehmen die Regel ist). Nur wer weiß, dass er sich seine Freiheiten auch nach eingeführtem Controlling leisten kann, berichtet wahrheitsgemäß. Und Wahrheit ist Umsatz. Dazu ein Beispiel:

Ein bayrischer mittelständischer Betrieb war seit Jahren davon überzeugt, dass er an Händler und Unternehmen im Verhältnis 50:50 verkauft. Als nach zähem Ringen endlich Wochenberichte eingeführt wurden, stellte man plötzlich fest, dass das korrekte Verhältnis 80:20 war! Im Folgejahr stieg der Umsatz um den größten Zuwachs seit Firmengründung, weil plötzlich viel mehr Unternehmen im Einzugsgebiet besucht wurden. Vorher hatte man dieses Umsatzpotenzial gar nicht bemerkt, weil keiner den Überblick hatte!

Controlling-Gefahren

Technik
Welche Daten? Welches System?

Systemeigenschaften
System ist so komplex und wird so wenig analytisch genutzt, dass es die Widerstände vergrößert.

Widerstände
Manager und Mitarbeiter fühlen sich kontrolliert.

Gute Verkäufer akzeptieren die Vorspannung, die Controlling erzeugt, weil sie wissen: Die da oben schauen auf mich. Die passen auf mich auf. Die zeigen mir auch, wo noch weitere Abschlusschancen für mich liegen.

Was immer wieder übersehen wird: Bei der Einführung von Vertriebscontrolling ist der entscheidende Faktor nicht die Technik, sondern die Führung. Und das kann jeder Außenstehende auf den ersten Blick an einer einfachen Größe ablesen: am Verkäuferwiderstand. Je schwächer die Führungskompetenz, desto höher der Verkäuferwiderstand. In manchen Unternehmen ist die Führungskompetenz so schwach, dass der Widerstand gewaltige Ausmaße annimmt. Bei einer Versicherung scheiterte die millionenschwere Einführung von Laptops im Außendienst, weil dieser die Laptops nicht benutzte: Erst nach Monaten des Rätselratens über die Ursachen und des Zeitverlustes durch teure, nachgezogene Trainings stellte sich heraus, dass es nicht daran lag, dass die Verkäufer die Geräte nicht bedienen konnten, sondern dass sie diese nicht nutzen wollten. Sie befürchteten, dass man über den Zeitpunkt ihres Zugriffs auf das Hauptdatennetz in der Zentrale ihre Besuchszeiten und -routen rekonstruieren könne. Das hätte man, rein technisch gesehen, tatsächlich tun können. Das tat aber niemand in der Zentrale und das hatte auch niemand jemals vorgehabt. Leider glaubte das kein Verkäufer.

In dieser Situation verhinderte nicht die Technik die Controlling-Einführung, sondern das schlechte Kommunikationsklima. In so einem Klima helfen auch keine glaubhaften Versicherungen mehr. Da muss das Betriebsklima und mit ihm die Verkäufer von Grund auf reanimiert werden. Aber das ist ein anderes Thema (ausführlich nachzulesen in: Dieter A. Sonnenholzer, Mitarbeiter-Reanimation, 1999). Unser Thema hier ist: Wenn Sie ein wirklich großes Umsatzpotenzial mit Hilfe von Vertriebscontrolling aufdecken wollen und wenn Sie genug Gesprächs- und Führungskompetenz für die Auflösung der mannigfachen und großen Widerstände mitbringen, dann gibt es nichts, was Sie von der Einführung eines Controllingsystems abhalten könnte. Dann müssen Sie sich nur noch darüber Gedanken machen, wie Sie das System so gestalten, dass es sich nicht selbst versenkt.

Bringen Sie Ihr Controlling auf Vordermann

Wenn Sie bereits controllen und mit den Resultaten in hartem Euro nicht ganz zufrieden sind, kann es daran liegen, dass Ihr Controlling-Boot an gewissen Stellen leckt. Machen Sie einen Leckage-Check-up. Es gibt etliche Unternehmen, die schon seit langem vertriebscontrollen, die stolz darauf sind und bei denen das Controllingsystem nicht einen einzigen Euro Mehrumsatz gebracht hat. Dass man ein System hat, heißt noch nicht, dass es funktioniert. Es gibt zahlreiche Möglichkeiten der Selbstsabotage. Vermeiden Sie sie.

✓ **TIPP** ————————————————————————————————

> Die Absicht determiniert den Controlling-Erfolg: Kontrolle oder Controlling – was wollen Sie?

Wie bereits oben angesprochen: Ein Vertriebscontrolling, das kontrollieren will (oder es unbewusst tut oder nur so wahrgenommen wird), ist nicht halb so effektiv und effizient wie ein Controlling, bei dem die Verkäufer wöchentlich bemerken, welchen Nutzen sie daraus ziehen können. Wenn Sie Controlling mit Kontrolle verwechseln, wenn Sie damit Ihre Verkäufer bestrafen (wollen), werden diese sich taktisch anpassen, auf deutsch: mogeln und Widerstand entwickeln. Verkneifen Sie sich die (sich anbietenden) Strafaktionen und zeigen Sie Ihren Verkäufern an konkreten Beispielen und jedem einzelnen Verkäufer immer wieder, welche Vorteile sie (nicht Sie!) aus dem Controlling ziehen. Dann werden diese es aktiv unterstützen. Verkäufer sind clever. Das, was ihnen Umsatz bringt, akzeptieren sie.

✓ **TIPP** ————————————————————————————————

> Stellen Sie die analytische Kompetenz sicher, die Sie brauchen, um aus den Zahlenkolonnen tatsächlich Umsatz zu machen.

Dass Controlling Umsatz bringt, setzt natürlich voraus, dass sich aus den Berichten tatsächlich Marktchancen analysieren lassen. Bei vielen Berichten geht genau das nicht. Bei ihnen handelt es sich lediglich um seitenlange Ansammlungen nutzloser Daten. Oder der zuständige Analytiker hat keinen Durchblick und weiß nicht, wie er die Daten auswerten muss, um neue Marktchancen aufzudecken. Vielleicht fehlt ihm dazu auch die analysefähige Software. Legen Sie sich deshalb einen kompetenten Controller mit Durchblick und passender Software zu – bloß keinen „Erbsenzähler" aus dem Rechenwesen!

✓ TIPP ──────────────────────────────────

Unterbinden Sie jegliche Erbsenzählerei. Manche meinen zwar, das sei
Controlling, aber das kann Ihnen egal sein: Sie brauchen Umsatzpotenzial.

Der Vertriebscontroller eines Elektro-Unternehmens hält einem Verkäufer eine Standpauke, weil dieser zwanzig Mark zu viel abgerechnet hat.
Der Verkäufer zahlt es ihm auf andere Weise heim, indem er im nächsten
Bericht Daten fälscht. Wer Erbsen zählt, hat im Controlling nichts
verloren. Ein guter Vertriebscontroller ist wie ein guter Falkner. Er hält
den Vogel so, dass er ihm nicht die Flügel bricht, dass dieser aber auch
nicht wegfliegt, wenn der Falkner das nicht will.

✓ TIPP ──────────────────────────────────

Lesen Sie den Controllern gegebenenfalls die Leviten, wenn diese Ihre
Verkäufer kontrollieren wollen und damit das Vertrauensverhältnis zer-
stören.

Machen Sie ihnen klar, worauf es ankommt: auf Umsatz. Und dass
Controlling, wie jede effiziente Maßnahme, angemessen und verhältnis-
mäßig sein muss. Zeigen Sie ihnen, dass gewisse Kostenreduktionen
ihren Preis haben: Umsatzverlust. Ein guter Vertriebscontroller ist
jemand, der vom Verkaufsleiter auch mal Widerstand bekommt, wenn
dieser einem Verkäufer, der eben für zwei Millionen Aufträge schrieb,
wegen zweihundert Mark eine Predigt hält. Das ist unverhältnismäßig
und kostet demnächst Umsatz, weil es Motivation vernichtet. Vertriebscontrolling ist ein Handwerk wie jedes andere auch. Penible
Haarspalter und Erbsenzähler haben im Vertriebscontrolling nichts zu
suchen. Nehmen Sie sie an die Kandarre oder werfen Sie sie raus. Sie
kosten mehr Umsatz, als sie bringen. Lassen Sie es nicht zu, dass sie
Ihnen das Umsatzpotenzial verbauen!

✓ TIPP ──────────────────────────────────

Wenn nach ISO 9 000 zertifiziert wird, dann zertifizieren Sie den Vertrieb
gleich mit. Seltsamerweise wird das bei den meisten Zertifizierungen
nur in geringem Umfang gemacht.

Viele Unternehmen lassen sich zertifizieren. Da stehen dann zwei dicke
Zertifizierungshandbücher im Regal. Und wie viel davon befasst sich
mit dem Vertrieb? Zwei Seiten. Wer sich die einmalige Chance entgehen
lässt, zusammen mit dem „restlichen" Betrieb auch im Vertrieb gleich

die Qualität und ein Controlling herzustellen und zu sichern, dem ist nicht mehr zu helfen. Übrigens, was nicht geschehen ist, kann man noch nachholen.

✓ **TIPP** ───────────────────────────────

Controllen Sie so viel wie nötig, aber so wenig wie möglich. Controllen Sie nur das, was Sie für Ihre formulierten Ziele brauchen.

Es gibt Vertriebscontrollingsysteme, die controllen noch die letzte Büroklammer. Controlling sollte sich immer am notwendigen Mindestmaß ausrichten, nicht an überzogenen Vorstellungen übergenauer Kontroll-Freaks. Ein Mindestmaß an Controlling sorgt bei guten Verkäufern für die umsatzträchtige Vorspannung: „Ich kann mir nicht alles leisten, die da oben wachen (väterlich) über mich." Ein Übermaß an Controlling vernichtet Motivation. Totale Kontrolle und Motivation sind unvereinbar. Das in obigem Beispiel erwähnte mittelständische Unternehmen aus Bayern erreichte seine phänomenale Umsatzsteigerung zum Beispiel allein dadurch, dass es auf dem Berichtsformular eine neue Kategorie einführte:

☐ Händler   ☐ Anwenderfirma

Ein einziger Federstrich mehr auf dem Formular löste den größten Umsatzzuwachs der Firmengeschichte aus. In der Kürze liegt die Würze. Wofür ein schlechter Controller zwanzig Zahlen benötigt, schafft es ein guter mit zwei.

✓ **TIPP** ───────────────────────────────

Unterstützen Sie Ihre Verkäufer beim Berichten. Denken Sie einfach kundenorientiert.

Verkäufer sind im Sinne der Kundenorientierung interne Kunden. Berichte dürfen keine Romane sein. Verkäufer sind keine Schriftsteller. Alles muss schnell und einfach auszufüllen sein. Also ist ein gewisses Maß an Standardisierung zu empfehlen. Einige geschlossene Kategorien zum Ankreuzen, einige freie Linien zum stichwortartigen Ausfüllen. Das reicht. Mehr ist weniger, weil es nicht oder falsch ausgefüllt wird.

✓ **TIPP** ───────────────────────────────

Controllen Sie ausschließlich formulierte und operationalisierte Ziele: das große Ganze.

Wenn 2,50 Mark zuviel für ein Abendessen controllt werden, verliert man sehr schnell den Blick fürs Ganze aus den Augen. Was ist das Ganze? Das ist von Unternehmen zu Unternehmen und von Branche zu Branche verschieden. Der Vertrieb eines jungen Software-Unternehmens berichtete die ersten neun Monate lang nur über zwölf Faktoren, die alle mit Bekanntheit und Marktdurchdringung zu tun hatten. Alles andere war nebensächlich und wurde mündlich auf den Besprechungen berichtet. In den schriftlichen Berichten waren nur Faktoren wie Besuchszahlen, Reichweite und Zielgruppen wichtig.

✓ **TIPP** ───────────────────────────────

Seien Sie sich Ihrer Verpflichtung bewusst: Wer A sagt, muss auch B sagen. Wer Berichte will, muss sie auch lesen. Sonst merken die Verkäufer, dass sie für den Papierkorb berichten und reagieren entsprechend.

Viele Systeme sind so kompliziert, dass man dafür ein Diplom braucht. Sie sind so kompliziert, dass sie nicht mal mehr der Vertriebsleiter liest und versteht. Und das kriegen die Verkäufer mit. Wenn Sie die Berichte nicht regelmäßig lesen, auswerten und mit den sich ergebenden Fragen die Verkäufer löchern, dann ist das Controlling bereits nach sechs Wochen tot. Verkäufer merken recht schnell, ob sie für die Ablage oder für einen konstruktiven Zweck arbeiten. Berichte sind Arbeitsgrundlagen. Wird nicht damit gearbeitet, sind sie erledigt.

✓ **TIPP** ───────────────────────────────

Zeigen Sie den Verkäufern ständig und am konkreten Fall, welchen Nutzen sie aus der Berichtsanalyse ziehen.

Wenn Sie mit den Berichten arbeiten, werden Ihnen die offenen Umsatzpotenziale nur so in die Augen stechen! Vor allem, wenn Sie irgendeine Form von Data Warehousing einsetzen. Das ist die EDV-gestützte Auswertung sämtlicher Markt- und Kundendaten. Man erkennt damit Marktchancen. So erkannte ein EDV-Haus eine seltsame Bestellhäufung von Bildschirm-Filtern bei einigen Großraumbüros. Es schrieb daraufhin sämtliche Großraumbüros in der Datei mit einem Spezialangebot an, setzte die Verkäufer darauf an und machte ein Bombengeschäft. Um das zu erkennen, benötigt man eigentlich nicht einmal ein Data-Warehouse-System. Und jeder Verkäufer sah sofort, was ihm das genaue Ausfüllen der Berichte bringt. Füllt er dagegen ständig Berichte aus und bekommt darüber nie auch nur die Andeutung einer umsatzverwertbaren Rückmeldung – wozu soll er dann die Berichte ausfüllen?

Gemacht wird, was belohnt wird. Wenn der Verkäufer merkt, dass ihm das Ausfüllen der Berichte wertvolle Hinweise auf Umsatz bringt, füllt er sie auch aus.

Wenn nicht, versucht er es zu umgehen, weil er die Berichte nur für ein Kontrollinstrument hält. Und in vielen Unternehmen sind sie leider nicht mehr als das. Vertriebscontrolling funktioniert, wenn Sie damit und mit dem Verkäufer arbeiten. Es scheitert, wenn Sie ihn damit kontrollieren wollen. Bei gut funktionierenden Controllingsystemen passiert sogar etwas ganz Unerwartetes: Einige, zumindest die Spitzenverkäufer, regen die Aufnahme neuer Berichtskategorien an, weil sie dahinter Marktchancen vermuten. Sie füllen freiwillig mehr aus, weil sie sich einen Nutzen davon versprechen!

Der Vertriebscontroller eines Spielzeugherstellers erzählt: „Wir nehmen jährlich ein gutes Dutzend dieser Anregungen auf und bauen sie in die neuen, laptop-gestützten Berichtsmasken ein. Acht erweisen sich binnen weniger Monate als wenig hilfreich. Wir melden das den vorschlagenden Verkäufern – die sind sogar dankbar dafür, weil sie nun wissen, dass das eine Sackgasse ist. Zwei sind ganz brauchbar, rechtfertigen aber das Aufblähen der Berichte nicht. Und zwei bringen echtes, gutes Geld. Auch das binden wir jedem auf die Nase, der das nicht wissen will. Die Verkäufer sind unheimlich stolz darauf.“

☑ **CHECKLISTE – Vertriebscontrolling**

☐ Vertriebscontrolling heißt nicht Spesenabrechnung und Erbsenzählen! Von Leuten, die Ihnen das weismachen wollen, sollten Sie sich fernhalten und gegebenenfalls trennen.

☐ Controlling ist auch nicht Kontrolle. Wenn Sie damit Ihre Verkäufer kontrollieren und gängeln wollen, dann verabschieden Sie sich gleichzeitig vom (Mehr)Umsatz.

☐ Vertriebscontrolling ist die systematische, analytische Suche nach konkreten, oft riesigen Umsatzpotenzialen. Es ist die „Wünschelrute" für Umsatzsucher. Führen Sie Vertriebscontrolling ein oder entrümpeln Sie das bestehende so weit, dass es wieder arbeitsfähig, analytisch sauber und vor allem aussagekräftig wird.

☐ Rechnen Sie fest damit, dass sich viele mit viel Eigensinn gegen Einführung oder Veränderung des Controlling sträuben werden.

- ❏ Identifizieren Sie die dahinter stehenden Ängste, die allesamt nichts mit dem eigentlichen Controlling zu tun haben, und zeigen Sie, dass diese Ängste unbegründet sind: Umsatz, nicht Kontrolle ist Ihr Ziel.

- ❏ Zeigen Sie den Nutzen, den der Verkäufer und der Verkaufsleiter daraus ziehen und zeigen Sie auch, dass dieser Nutzen größer als die Kosten für den Betroffenen und seine Ängste ist. Falls Ihnen das niemand abnimmt: Kulturveränderung ankurbeln.

- ❏ Berichte müssen einfach auszufüllen, kurz und teilweise standardisiert sein.

- ❏ Seien Sie gnadenlos, wenn einer den Abgabetermin „verschläft" oder schlampig berichtet. Machen Sie ihm klar: „Das gehört zu Ihrem Arbeitsvertrag."

- ❏ Entrümpeln Sie Ihr Controlling. Darin haben nur Angaben etwas zu suchen, die einen Sinn ergeben, einem genau definierten Marktbearbeitungsziel dienen, mit denen Sie arbeiten können und die nicht bloß bösartiger Kontrolle dienen.

- ❏ Arbeiten Sie ständig mit den Berichten. Gestalten Sie sie so einfach, dass Sie damit arbeiten können. Damit arbeiten heißt: Die Angaben in den Berichten müssen Umsatzreserven aktivieren können, sonst werfen Sie sie raus. Nutzlose Daten sind nicht berichtenswert.

- ❏ Geben Sie den Verkäufern ständig die Ergebnisse Ihrer Analysearbeit in Form von Hinweisen auf Umsatzchancen weiter.

- ❏ Machen Sie die Erfordernisse, die sich aus den Berichten ergeben, zum Gegenstand Ihres eigenen und von Verkaufstrainern gehaltenen Trainings. Vorherrschende Abschlussschwächen zum Beispiel werden relativ leicht und oft durch gutes Controlling aufgedeckt.

- ❏ Lassen Sie die Berichtsformulare offen für Anregungen und bauen Sie diese vier- bis sechsmal im Jahr ein oder wieder aus. Nicht öfter, das verwirrt.

- ❏ Machen Sie die Berichte warehouse-fähig. Wenn Ihnen dazu das Know-how fehlt, lassen Sie einen Assistenten oder einen vertrauten Innendienstler sich in die Technologie einarbeiten.

„Es gibt überhaupt keinen Grund, warum irgendjemand einen Computer bei sich zu Hause haben will."
Ken Olson, Gründer und Präsident von Digital Equipment, 1977

7 Das Dornröschen-Syndrom: Raus aus der Stammbranche!

Gefangen im Tunnelblick

Wir verschenken täglich Umsatz. Und damit meine ich nicht die eine oder andere Abschluss-Chance, die man schon mal übersieht. Wir übersehen nicht nur einzelne Aufträge, wir übersehen ganze Märkte. Wir verschenken täglich Dutzende, wenn nicht Hunderte Aufträge. Und das merken wir oft erst, wenn es zu spät ist.

Eine kleine hessische Firma beliefert seit Jahren Werkstätten und Industriebetriebe mit ihren Spezialsaugern. Sie ist eines der wenigen Unternehmen der Branche, das ständig akquiriert, dabei Empfehlungen einsetzt und mit wirklich vorbildlichem Beziehungsmanagement die Stammkundschaft pflegt. Man sagt, dass zufriedene Kunden die beste Umsatzgarantie seien. Aber das stimmt nicht, wenn die Kunden aus nur einer oder nur wenigen Branchen stammen. Als den kleinen Werkstätten nämlich das Geld ausgeht, sieht sich das Unternehmen gezwungen, Leute zu entlassen: „Wenn die Kunden kein Geld haben, haben wir keine Arbeit." Da meint ein Innendienstler, der Hotelier um die Ecke könne bei dreißig Zimmern auch einen guten Sauger gebrauchen. Man lacht ihn aus: „Die können doch mit Industriesaugern nichts anfangen, die saugen noch mit Omas Dampfsauger, wir haben keine Expertise in der Gastronomie, wir können nicht gegen die eingeführten Gastro-Lieferanten anstinken, wir ..."

Der typische Tunnelblick: Man sieht nur noch die Stammbranche(n) und sonst nichts. Alles, was es an Zielgruppen sonst noch gibt, wird gar nicht mehr wahrgenommen. Oder schlimmer noch: abgewertet. Der

Tunnelblick immunisiert sich sozusagen selbst durch Vorurteile: „Wollen wir nicht, können wir nicht." Im schlimmsten Fall verliert man durch diesen vorurteilsbewehrten Tunnelblick die Existenz, wenn die Stammbranche einbricht. Im Normalfall verliert man hohe Umsätze, weil man Zielgruppen nicht beliefert, die man gut und gerne beliefern könnte. Heute lacht beim Saugerunternehmen keiner mehr über die Hotellerie – bei inzwischen zwanzig Prozent Umsatzanteil. Das Komische daran: Noch vor wenigen Jahren hielt jeder den neuen Markt für ausgemachten Unsinn. Heute bringt er gutes Geld.

Die Märkte, der Umsatz, die Kunden sind da. Aber wir sehen sie nicht oder wollen sie nicht sehen. Manchmal sehen wir sie erst dann, wenn wir dazu gezwungen werden. Außerhalb jeder Stammbranche warten zahlungskräftige Kunden darauf, besucht zu werden. Meist warten sie auf den erlösenden Kuss des Prinzen, bis sie schwarz werden – oder bis sie ein Mitbewerber küsst.

Lücken-Analyse: Neue Märkte entdecken

An dieser Stelle fragen viele Verkaufsleiter: „Ja wie finden wir denn neue Märkte?" Diese Frage allein zeigt, dass der Tunnelblick bereits da ist. Denn wer sich noch den Blick für den Gesamtmarkt bewahrt hat, der sieht *immer* mehr offene als abgedeckte Zielgruppen. Es gibt einen einfachen Trick, aus dem Tunnel auszubrechen. Verschaffen Sie sich den Überblick.

✓ **TIPP** ————————————————————————————————

Besorgen Sie sich ein Verzeichnis aller Branchen und vergleichen Sie die Zahl der Kundenbranchen mit der Zahl der offenen Branchen.

Eine Branchenliste gibt es unter anderem kostenlos von Adress-Lieferanten oder gegen eine geringe Gebühr bei den statistischen Ämtern. Markieren Sie jene Branchen, die Sie bereits beliefern rot, jene, die Sie ohne allzu große Produktmodifikationen beliefern können, grün und jene, die Sie mit Produktmodifikationen beliefern können, blau. Der Überblick stellt sich sofort ein. Wie viel grüne Branchen haben Sie? Was hält Sie davon ab, dort reinzugehen? Womit wären diese Hindernisse realistischerweise überwindbar? Sie können diese Analyse noch erweitern um die Fragen: Wo ist der Mitbewerb schon drin, wo wir noch nicht drin sind? Wo ist der Mitbewerb noch nicht drin, wo wir rein könnten? Im letzten Fall haben Sie eine noch ungemähte Wiese, auf der Sie sich austoben können.

Es gibt in jeder Mannschaft sehr kreative Verkäufer, die bereits in Branchen verkaufen, die nicht im offiziellen Branchenkanon stehen und von denen die Stammbranchen-Verkäufer meist noch nicht mal eine Ahnung haben. Solche Testpiloten sind vor allem jene Verkäufer, die mit der permanenten Akquisition ernst machen. Wer immer und überall und jeden akquiriert, der stößt automatisch auf Branchen, an die bislang keiner dachte. Bilderbuchbeispiel Gore-Tex: Beim Skifahren bewunderte ein Chirurg das wasserabweisende und trotzdem atmungsaktive Material des Anoraks seines ehemaligen Studien-Kollegen, der bei Gore-Tex arbeitete. Er meinte, dass genau diese Eigenschaft seinen künstlichen Blutgefäßen, die er entwickelte, fehle. Der Verkäufer fasste das nicht als Lob auf, sondern – typisch für permanente Akquisiteure – als Verkaufsaufforderung: „Warum versuchst du es nicht einfach mal mit unserer Faser?" Seither ist diese Kunstfaser in der Medizintechnik ein Verkaufsschlager.

Natürlich wollen Verkäufer neue Märkte. Wöchentlich schlagen sie welche vor. Sie wissen auch schon, wie man in die neuen Märkte reinkommt: neue, bessere, billigere Produkte, Riesenwerbung, ohne selbst etwas dafür tun zu müssen. Diese Schlaraffen-Phantasie ist menschlich und verständlich. Nehmen Sie sie stets freundlich und dankend entgegen. Und denken Sie daran: Träume sind Schäume.

Wer träumt, handelt nicht. Orientieren Sie sich bei Marktideen nicht an den Verkäufern, die träumen, sondern an jenen, die handeln.

Während zehn Verkäufer noch von neuen Märkten träumen und Ihnen die Ohren volljammern, hat der elfte schon drei neue Märkte in Bearbeitung. Er hat sein Angebot mit keiner oder mit geringer Modifikation bereits neuen Zielgruppen außerhalb der Stammbranchen erfolgreich angeboten. Er weiß, wie man das Produkt ohne große Modifikation passend macht, er kennt die überzeugenden Argumente, er hat seine Gesprächstechnik bereits erfolgsgetestet. Selbst wenn er den neuen Markt nur angedacht und angetestet hat: Nutzen Sie sein Know-how. Das ist besser, als bei Null anzufangen oder auf Träumereien zu hören. Und wenn ein Verkäufer in einen neuen Markt gehen kann, können das die zehn anderen auch, wenn sie entsprechend trainiert werden. Der Terminus dafür heißt „Modelling": Man macht den Testpiloten zum Vorbild und trainiert die anderen nach seinem Bild. Tun Sie es?

✓ **TIPP** ──────────────────────────────────

Eine einfache und lohnende Möglichkeit zur Aufdeckung neuer Märkte ist der Kreativ-Workshop.

Setzen Sie sich einen halben bis ganzen Tag mit Ihren Verkäufern zusammen und klären Sie die Fragen: Wer außer unseren Stammkunden könnte unsere Produkte, Dienstleistungen etc. noch brauchen? Wo fällt der Einstieg am leichtesten? Wer hat schon wo sporadisch Erfahrung gesammelt? Gibt es Wunschbranchen? Was hält viele Verkaufsleiter davon ab, solche Fragen zu stellen und nach den Antworten zu handeln? Der Stolz: „Der Impuls zur Marktbearbeitung muss von oben kommen. Da frage ich doch nicht meine Verkäufer!" Berechtigte Einstellung. Leider sehr teuer. Die Vertriebsleiter, die unter Stolz etwas anderes verstehen, fragen ihre Leistungsträger und machen Umsatz.

Jede Firma hat eine Abteilung für Forschung & Entwicklung *neuer Produkte*. Wann hat jede Firma eine Abteilung für Erforschung & Entwicklung *neuer Märkte und Vertriebsstrategien*? Ist das eine nicht so wichtig wie das andere? Warum wird das eine systematisch und das andere dilettantisch betrieben? Die Marketingabteilung macht das doch, könnten Sie scherzhaft einwenden. Marketing aber hat, pardon, keine Ahnung vom Markt. Wer ist tagtäglich auf dem Markt präsent, holt sich eine blutige Nase, hat Erfolg und sammelt Erfahrung? Eben. Marketing bearbeitet neue Märkte meist nur rein quantitativ. Beispiel Smart: „Marktforscher hatten gemeldet: Der Europa-Markt für ein Swatch-Mobil erreiche ein Volumen von 2,5 Millionen Stück. Sieben oder acht Prozent davon sollten drin sein." (manager magazin 9/99, Seite 54) Wie wir alle wissen, gab es den so dargestellten Markt zwei Jahre nach Smart-Einführung nicht.

Machen Sie aus dem Kreativ-Workshop für neue Märkte eine permanente Projektgruppe: Ihre F&E für Marktentwicklung und -strategie.

Die Erfahrung zeigt: Der Kreativ-Workshop ist die bessere F&E-Abteilung für Marktentwicklung. Die Marktforschung kann hilfreiche quantitative Unterstützung und das Marketing Hilfe bei der Marktbearbeitung bieten. Aber eben nur dies. Welche Märkte machbar sind, weiß der Verkauf am besten. In vielen Unternehmen hat sich der Kreativ-Workshop deshalb ganz automatisch via Projektmanagement zur Permanentlösung institutionalisiert. Ein Projektteam übernimmt die Beschlüsse des Workshops und setzt sie in die Tat um, bis der neue Markt erschlossen ist, während bereits wieder neue Marktvorschläge gesucht, geprüft und geplant werden. Der Vertriebsleiter eines Unternehmens für Baubedarf berichtet: „Unser Markt-Projektteam prüft oder begleitet ständig drei bis vier Neuland-Aktionen. Wenn es einmal weniger werden, müssen wir uns Sorgen um unsere Zukunft machen."

Betonköpfen die Augen öffnen

Wer will schon Umsatz? Erschreckend wenige. Was passiert denn, wenn ein Mitarbeiter eine neue Zielgruppe entdeckt? Wird er belohnt? Wird er zum Vorbild ausgerufen? Wird ihm gratuliert? Nein, er wird bestraft. Viele Vertriebsleiter sind wenig begeistert, wenn sie erfahren, an wen Verkäufer X verkauft. Sofort bekommt derjenige vom Chef und von der Technik Schelte: „Wie können Sie an diese Branche verkaufen? Das ist doch gar nicht mit der Produktentwicklung abgestimmt!" Der Kunde ist hoch zufrieden – doch das ist irrelevant. Wichtiger ist, dass die Bürokraten im Unternehmen ihren Willen kriegen. Das nennt sich dann Kundenorientierung ...

Wie gehen Sie mit „Ausreißversuchen" Ihrer besonders engagierten Verkäufer um? Schuss vor den Bug? Oder sachliche Prüfung?

Es kommt schon mal vor, dass Verkäufer übers Ziel hinaus schießen und an Zielgruppen verkaufen, die unrentable Extrawürste provozieren. Dann sollte man das sachlich prüfen und mit dem Verkäufer darüber reden. Wenn er sieht, dass dabei zwar Umsatz, aber keine Rendite gemacht wird, sucht er beim nächsten Mal klüger nach Aufträgen. Wenn er statt dessen eine vor den Bug bekommt, sucht er nicht mehr. Was ist Ihnen lieber? Ruhe im Team oder Umsatz?

Wenn Sie auf Ihre Stars achten, werden Sie wöchentlich viele Hinweise auf noch offene Marktsegmente erhalten. Prüfen Sie diese Hinweise. Sind sie gut, fällt Ihnen zunächst niemand um den Hals. Denn auch außerhalb des Vertriebs wollen viele Abteilungen und Führungskräfte keinen Umsatz. Jeder winkt ab, wenn Sie mit einem neuen Markt kommen. Gehen Sie deshalb taktisch klug vor. Rennen Sie nicht alle zwei Wochen in die F&E-Abteilung mit der Forderung: „Wir brauchen für diese Branche eine Lösung!" Da ist die Absage fast garantiert.

✓ **TIPP** ——————————————————————————————

> Erstellen Sie ein Hitliste der Top-Branchen, mit aufsteigenden Modifikationserfordernissen. Auf Platz eins steht jene Branche, die mit minimaler Modifikation des Angebots beliefert werden kann.

Selbst der hartnäckigste Entwickler kann keine zehn Vorschläge abschmettern. Einen muss er akzeptieren. Und beim nächsten Mal den zweiten ... Das setzt natürlich voraus, dass Sie über genügend technischen Sachverstand verfügen, diese Rangreihenfolge aufzustellen. Keine selbstverständliche Anforderung. Viele Verkaufsleiter werden von den Kaufleuten und Technikern nicht ernst genommen. Der Technische Leiter eines Anlagenbauers: „Unsere Verkäufer kommen jede Woche angerannt und wollen eine ‚Modifikation' für eine neue Zielgruppe. Die haben keine Ahnung, dass das keine Modifikation, sondern eine Neuentwicklung nötig macht und von den Kosten wissen sie ohnehin nichts." Sie müssen weder Entwickler noch Controller sein. Aber Sie sollten von beiden Gebieten so viel verstehen, dass die Experten in den Fachabteilungen Sie ernst nehmen müssen.

Die Spielregeln kennen

Jeder gute Verkaufsleiter hat irgendwann einmal den Einstieg in eine neue Branche versucht – und ist gescheitert: „Da kommen wir nicht rein." Die meisten Markteintritte scheitern nicht, weil das Produkt nichts taugt, sondern weil der Stallgeruch nicht stimmt. Klagt der Manager eines Fünf-Sterne-Hotels: „Wir sind als Kurhotel berühmt geworden. Dass wir erstklassigen Tagungsservice bieten, glauben die Leute erst, wenn wir sie an den Stuhl fesseln und es ihnen beweisen."

Schuld daran ist nicht nur der mangelnde Bekanntheitsgrad des Hotels als Tagungshotel. Schuld daran ist auch der geringe Kenntnisstand der Spielregeln. Die Hotel-Verkäufer wussten beispielsweise nicht, wie hoch der organisatorische Anspruch der Käufer im neuen Markt ist, sie kannten nicht die engen Margen, innerhalb derer sich Zeitvorgaben bewegen und sie überschätzten die Verkaufswirkung supermoderner Tagungstechnik (diese wird als gegeben vorausgesetzt). Kurz: Es waren lauter Top-Kurverkäufer, die kaum Ahnung von den Spielregeln im Tagungsgeschäft hatten.

✓ **TIPP** ————————————————————————————

> Bevor Sie in den neuen Markt gehen, werfen Sie ganz bewusst Ihre alten Spielregeln über Bord und finden Sie alles über die neuen heraus.

Jeder Markt hat seine eigenen Spielregeln. Sie finden diese niemals durch Marktforschung heraus. Im Gegenteil. Misstrauen Sie allem, was die Marktforschung Ihnen diesbezüglich vorlegt.

Gehen Sie selbst in die neuen Märkte und akquirieren Sie probehalber. Lassen Sie eine Handvoll Ihrer fittesten Verkäufer von ihren Erfahrungen berichten, schicken Sie Testverkäufer los.

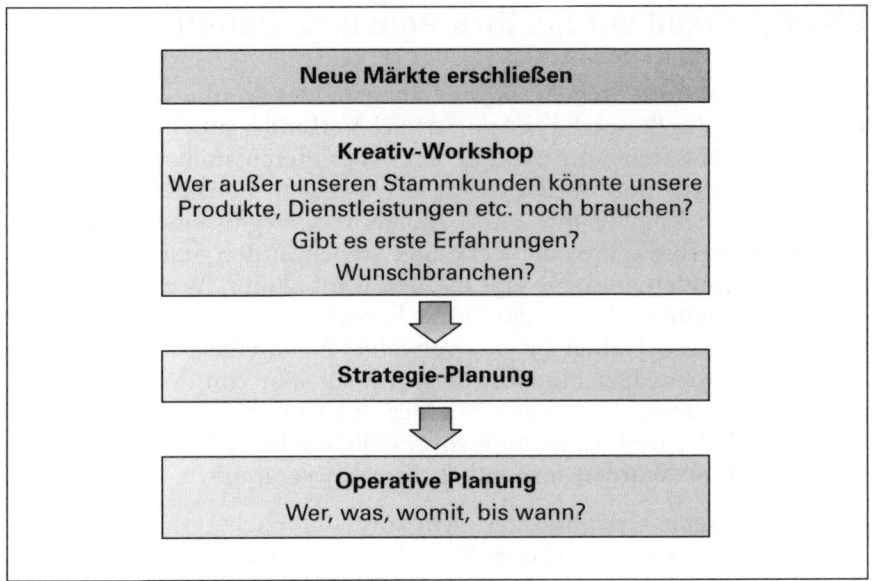

Diese Testverkäufe dürfen ruhig daneben gehen. Das ist zweitrangig. Erstrangig ist: Was sind die Spielregeln? Pflegen Sie diese Testkunden mit ausgesuchter Beziehungskompetenz und lassen Sie kurz vor Ende der Gespräche den Testcharakter einfließen: Viele der Testkunden werden begeisterte Mit-Entwickler werden. Jedem Kunden schmeichelt es, wenn seine Kompetenz gefragt ist. Sie besorgen sich damit kostenlose Unternehmensberater, die von den Märkten meist mehr Ahnung haben als die Unternehmensberater selbst – weil sie schon viel länger viel dichter im Markt sind. Nebenbei bauen Sie sich auf diese Weise die ersten Super-Referenzgeber auf. Ein Kunde, der von Anfang an dabei ist, legt für Sie die Hand ins Feuer. Außerdem brauchen Sie gerade am Anfang, wo es überdies noch sehr schwierig ist, Referenzen zu bekommen, begeisterte Empfehlungsgeber.

✓ **TIPP**

> Sie haben die Spielregeln herausgefunden, wenn die drei letzten Testbesuche nichts wesentlich Neues ergeben. Dann gehen Sie in die Analysephase: Können wir die wesentlichen Spielregeln erfüllen? Was erfordert das genau? Was kostet das? Wollen wir uns das leisten?

Blauäugigkeit versus Strategie und Planung

Viele Markteintritte scheitern, weil sie von der Marke „Husarenritt" sind. Ein banales Beispiel: Ein Sportartikel-Versender möchte aus seinem Vereins- und Breitensportmarkt in den viel größeren, millionenschweren Fitness-, Freizeit- und Wellness-Markt einsteigen. Er erstellt einen funkelnagelneuen Katalog mit 2 500 Angeboten, er gibt einen Millionenbetrag für Werbung aus, die Verkäufer stehen in den Startlöchern. Als die ersten Kunden anrufen, sagt die Bestellannahme: „Wen wollen Sie? Die Firma Vitafit? Hier ist die Firma Eurochamp." Große Verwirrung bei den Anrufern. Haben sie sich verwählt? Nein, etwas viel Unglaublicheres ist passiert. Der Innendienst wurde zu spät von der Werbekampagne unterrichtet, die Freizeit-Tochter des Unternehmens wurde niemals offiziell der Bestellannahme vorgestellt, die Bestellprozeduren nicht überarbeitet. So wurden massenhaft Kunden vergrault.

Moral: Wer seine Urlaubskoffer nicht sorgfältig packt, erlebt im Urlaub eine böse Überraschung. Planen Sie, oder besser: Lassen Sie planen. Der Teufel steckt oft im Detail. Deshalb wurde Projektmanagement erfunden.

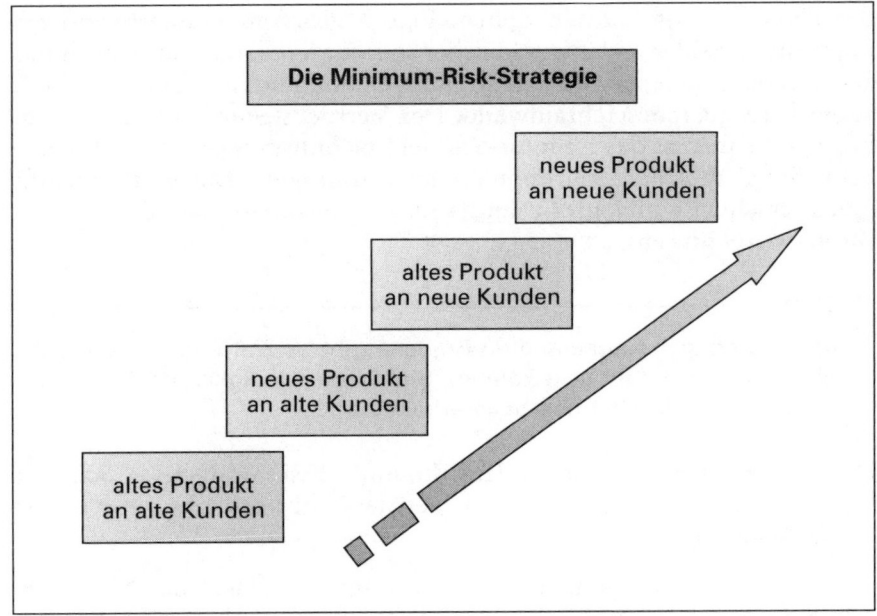

✓ **TIPP**

Wer in Ihren Reihen hat genug Projektmanagement-Kompetenz, um eine saubere Planung und Steuerung der Markterschließung durchzuführen?

Übrigens, Sie sollten Projekterfahrung nicht mit Projektmanagement-Kompetenz verwechseln. Denn leider gilt noch immer viel zu oft der alte Spruch: viel Projekt, wenig Management.

Nicht nur bei der Planung, auch bei der Strategie der Markterschließung werden Fehler gemacht. Einer der häufigsten ist das Spieler-Syndrom: volles Risiko. Man geht in völlig neue Märkte (und erleidet Schiffbruch), obwohl die alten noch nicht ausgereizt sind.

✓ **TIPP**

Wählen Sie bei der Bearbeitung neuer Märkte die risikoarme Strategie, bevor Sie die riskanteren wählen.

Eine Software-Firma schließt seit Jahren Werbeagenturen von ihrer Akquisition aus: „Nicht unsere Zielgruppe. Die sind damit überfordert, finanziell und vom Know-how." Sie plant statt dessen, in den Markt der Flughafen-Software zu gehen. Eine Milliardeninvestition und ein potenzieller Fehler: riskant vor sicher. Bis ein Verkäufer tatsächlich das als unmöglich Geglaubte schafft und eine Agentur akquiriert – mit vernachlässigbarem Mehraufwand. Der Vertriebsleiter kommt ins Grübeln: „Offenbar ist das Agentur-Segment nicht homogen." Was für eine Erkenntnis! Welche Zielgruppe ist denn homogen? *Die* Werbeagentur gibt es nicht. Es gibt große und kleine, Consumer- und Business-to-Business-Agenturen ...

✓ **TIPP** ─────────────────────────────

In jeder an sich ungeeigneten Branche gibt es Zielgruppensegmente, die für Sie geeignet sein können. Sie müssen lediglich prüfen, ob sie rentabel erschließbar und belieferbar sind.

Dieses Vorgehen entspricht der Minimum-Risk-Strategie – Schuster bleib so lange wie möglich bei deinen Leisten, bevor du neue suchst (siehe Abbildung auf Seite 95).

Die Minimum-Risk-Strategie klingt vernünftig. Leider sind Menschen selten vernünftig, wenn sie in neue Märkte gehen. Jeder kennt das: Der Geschäftsführer hat einen Narren am neuen Markt gefressen, will sich unbedingt daran profilieren. Also wird in den neuen Markt investiert, egal wie viel Potenzial noch bei alten Zielgruppen und neuen Produkten und bei alten Produkten für neue Zielgruppen brach liegt. Sie sollten sich darüber im Klaren sein, was wichtiger für Sie ist: relativ sicherer Umsatz oder relativ riskanter Prestigegewinn?

Sind Sie ein Pionier?

Es ist erschreckend, wie viel vom Erfolg bei der Markterschließung von der Persönlichkeit abhängt. Von der Persönlichkeit des Verkäufers, des Verkaufsleiters und des Geschäftsführers oder Vorstands. Um es in einem Satz zu sagen: Pioniere erschließen Märkte. Pioniere zeichnen sich durch mehrere charakteristische Eigenschaften aus.

✓ **TIPP** ─────────────────────────────

Wenn Sie neue Märkte wollen, denken Sie strategisch, machen Sie sich notfalls vom operativen Geschäft frei.

Pioniere sind strategiefähig, Feuerwehrleute nicht. Pioniere müssen verwalten und hinter Kleinkram herrennen wie jeder andere Verkäufer, Verkaufsleiter und Geschäftsführer auch. Doch sie jammern nicht über die operative Flut, sie reißen sich *regelmäßig und mit Gewalt* los, wenn sie strategisch denken möchten. Sie nehmen sich die Zeit, vom operativen Geschäft zurückzutreten – auch wenn einige Zeter und Mordio schreien – und einige Stunden in der Woche in Strategie und Marktbearbeitung zu denken.

Eine Verkaufsleiterin eines Mode-Unternehmens sagt: „Ich stelle mir hin und wieder die Frage: Wie viele Stunden, besser Tage hast du diesen Monat schon für die strategische Marktbearbeitung eingesetzt? Das ist Ansporn und Selbstkontrolle für mich." Pioniere sehen in jedem lebenden Menschen einen potenziellen Markt. Es ist manchmal interessant, ihnen zuzusehen, wie sie auf den ersten Blick völlig ungeeigneten Unbeteiligten ihr Produkt verkaufen wollen. Pioniere lassen aber auch andere Menschen Märkte sehen. Sie kennen keine Ideen-Killer wie: „Verkaufen Sie. Lassen Sie andere über Märkte nachdenken. Das funktioniert doch nicht. Bleiben Sie bei Ihren Leisten."

✓ **TIPP** ─────────────────────────────────

Üben Sie sich in Kreativität (das kann man üben, das ist keine Gottesgabe) und Kreativitätstoleranz.

Pioniere fördern Kreativität, wo immer sie sie vermuten und antreffen. Der Geschäftsführer eines Software-Hauses hat seine Verkäufer herausgefordert: „Zeigt mir eine Branche, in die ich nicht eines unserer Standardprodukte reinverkaufe und ich zahle sofort eine Kiste Champagner." Inzwischen ist er bei der siebten Kiste angelangt. Aber mit den fünf Wetten, die er gewonnen hat, macht er Millionen.

✓ **TIPP** ─────────────────────────────────

Verrechnen Sie sich nicht. Neue Märkte brauchen zwar zunächst die geniale, marktöffnende Idee und Strategie. Aber danach brauchen Sie Biss, Ausdauer und Durchhaltevermögen.

Pioniere beißen sich durch. Sie klagen nicht über Rückschläge, sie rechnen mit ihnen und antizipieren sie. Sie sind derart von den Nutzen ihres Angebots überzeugt, dass sie es immer und immer wieder versuchen. Bis der Durchbruch erzielt ist. Oder bis sie guten Gewissens sagen können: Es ist wirklich nichts zu machen.

✓ **TIPP** ────────────────────────────────────

Laufen Sie nicht in die Optimisten-Falle. Bewahren Sie sich trotz aller Begeisterung für den neuen Markt Ihren Sinn für die Realität. Ein Pionier hat beides: Herz und Verstand, Begeisterung und Kalkül.

Viele Topmanager können es einfach nicht fassen, dass der neue Markt noch immer nicht begeistert reagiert. Sie hoffen und spekulieren auf eine Besserung im nächsten Quartal, bei der nächsten Produktverbesserung. Sie bauen auf die neue, verstärkte Werbung. Aber sie haben keine Ahnung, woran es eigentlich liegt. Sie verwechseln Wunschdenken mit analytischem Verstand.

Pioniere sind im Herzen Verkäufer oder hören Ihren Verkäufern sehr gut zu. Sie wissen ganz genau, was die Interessenten noch abschreckt, weil sie sie oder ihre Verkäufer sehr genau danach fragen – und es abstellen oder aus dem Markt gehen.

✓ **TIPP** ────────────────────────────────────

Machen Sie sich nichts vor. In einen neuen Markt zu gehen kostet Mut und benötigt Kontaktfähigkeit. Reicht das, was bei Ihnen und Ihrem Team davon vorhanden ist?

Mut und Kontaktfähigkeit hören sich eigenartig an, zugegeben. Aber jeder Verkäufer wird da heftig nicken. Es gibt nichts Heikleres, als in einer völlig neuen Branche als völlig Unbekannter bei völlig Unbekannten die Klingel zu drücken. Viele Verkäufer und Verkaufsleiter trauen sich einfach nicht, diesen Schritt zu tun. Das ist erschütternd, doch viele Märkte liegen brach, weil sich die Leute einfach nicht über die Schwelle trauen. Anders die Pioniere. Ein typischer Neubranchen-Verkäufer sagt: „Ich verstehe nicht, warum mich meine Kollegen immer löchern, wie ich das mache. Ich gehe rein, sage: ‚Mein Name ist Herzberg. Ich komme von der Firma Meilerstein. Wir stellen erstklassige Büromöbel her. Bitte geben Sie mir fünf Minuten, Sie zu begeistern. Wenn ich es nicht schaffe, werfen Sie mich bitte hochkant raus.' Ich rechne noch nach zehn Jahren, in denen ich diesen Spruch anbringe, bei jedem Kaltbesuch fest damit, schon nach den ersten dreißig Sekunden rauszufliegen. Ich warte heute noch darauf ..." Dieser Mann ist nicht furchtlos. Er hat lediglich einen Weg gefunden, seine Akquise-Angst zu besiegen. Das kann man lernen.

✓ **TIPP** ────────────────────────────────────

Je besser Sie durch die Kundenbrille sehen können, desto eher haben Sie Erfolg am neuen Markt.

Ich interessiere mich besonders für die Themen:

- ❏ Management/Unternehmensführung,
- ❏ Internationales Business
- ❏ Informations- und Technologie-
  management (EDV/Multimedia/Online)
- ❏ Organisation
- ❏ Personal/Mitarbeiterführung/
  Kommunikation
- ❏ Einkauf/Materialwirtschaft und Logistik
- ❏ Investitionen/Finanzierung
- ❏ Rechnungswesen (Kostenrechnung,
  Controlling, Steuern,...)
- ❏ Marketing
- ❏ Public Relations
- ❏ Verkauf/Vertrieb
- ❏ Geldanlage
- ❏ Karriere/Persönlichkeitsentwicklung
- ❏ Öffentliche Verwaltung
- ❏ Gemeinnützige Organisationen
- ❏ _____

Ich interessiere mich für folgende Produkte:

- ❏ Bücher
- ❏ Loseblattwerke
- ❏ Zeitschriften
- ❏ Fernkurse
- ❏ Seminare
- ❏ Neue Medien
- ❏ Online-Dienste

GABLER

- ❏ Bitte informieren Sie mich regelmäßig über die an-
  gekreuzten Themen und Produkte Ihres Verlages.

e-mail _____

Ich wurde auf dieses Buch aufmerksam durch:

- ❏ Empfehlung des Buchhändlers
- ❏ Empfehlung von Kollegen, Bekannten
- ❏ Buchbesprechung/Rezension
- ❏ Anzeige/Beilage
- ❏ Werbebrief

Bitte in Druckschrift ausfüllen. Danke!   222 00 001

Firma	Abteilung
Vorname	Name/Titel
Straße/Nr.	PLZ/Ort
Telefon	e-mail
Branche	Geburtsjahr
Funktion im Unternehmen	Anzahl der Mitarbeiter im Unternehmen

Wir speichern Ihre Adresse, Ihr Interessengebiet unter Beachtung des Datenschutzgesetzes.

Antwort

Gabler Verlag
Daphne Michopoulos
Abraham-Lincoln-Str. 46
⊠ 15 46

65173 Wiesbaden

**Gleichzeitig bestelle ich zur Lieferung
über meine Buchhandlung:**

Expl.	Autor und Titel	Preis
		222 00 001

Rufen Sie uns an 0611/7878-124

oder besuchen Sie uns im Internet

www.gabler.de

KOMPETENZ IN
SACHEN WIRTSCHAFT

GABLER

Seltsamerweise haben es Führungskräfte und Mitarbeiter von sehr erfolgreichen Unternehmen schwerer, in einen neuen Markt einzusteigen. Typisch ist der Staubsauger-Vertreter, der beim Tür-zu-Tür-Geschäft sagte:

„Ich komme von der Firma Nachbau. Wir machen Industrie-Absaugungen, aber auch kleinere Geschäfte wie Consumer-Sauger." Woraufhin der Interessent an der Tür sagte: „Entschuldigung, aber ein Sauger für sechshundert Mark ist für mich kein kleines Geschäft." Viele Verkäufer und Verkaufsleiter gehen in den neuen Markt wie die Missionare: „Wir sind in der Branche X die Topdogs und bringen euch armen Blinden nun das Licht." Eigentor. Pioniere sind das Gegenteil davon. Sie sind Künstler in der Kunst, naiv aufzutreten. Sagt eine Marktforscherin für ein Konsumgüter-Unternehmen: „Ich stelle mich so lange dumm, bis ich die neue Branche rückwärts und seitwärts kenne. Niemand weist einem Greenhorn die Tür – einem Besserwisser immer." Wer mit der für jeden sichtbaren Einstellung und dem Verhalten in den neuen Markt geht: „Ich möchte von euch lernen!", der fährt am besten.

✓ **TIPP** ────────────────────────────────

Bevor Sie zum Abenteuer in einem neuen Markt aufbrechen, fragen Sie sich, ob Sie abenteuerlustig sind, welche persönlichen und organisatorischen Voraussetzungen Sie dafür mitbringen müssen – und ob Sie das können und wollen.

☑ CHECKLISTE – Neue Märkte

❏ Es warten so viele Branchen und so viele Teilzielgruppen auf Ihr Angebot – kennen Sie sie? Alle? Wie viele?

❏ Haben Sie eine Wunschliste von Branchen, die Sie für sich öffnen möchten?

❏ Ist diese Liste nach Aufwand der Marktbearbeitung geordnet?

❏ Haben Sie eine Liste von Teilzielgruppen in an und für sich ungeeigneten, aber heterogenen Branchen?

❏ Verwenden Sie wöchentlich drei bis fünf Stunden für die systematische Marktbearbeitung und Strategieentwicklung?

❏ Gibt es eine Projektgruppe für Marktentwicklung?

❏ Werden Vorschläge für neue Märkte systematisch geprüft oder dankend abgelehnt?

❏ Gibt es eine ständig aktualisierte Liste über sämtliche statistisch erfasste Branchen, die bearbeitet werden, die nicht bearbeitet werden und warum sie noch nicht bearbeitet werden?

❏ Wie viele Leistungsträger haben Sie? Wissen Sie immer, was sie tun und an welchen neuen Zielgruppen sie dran sind?

❏ Funktioniert der Wissenstransfer (via Training) von diesen zu den anderen Verkäufern?

❏ Sind Sie oder Ihre Trainer dafür trainingskompetent?

„Die Drahtbieger im Kundendienst könnten doch ohne uns gar nicht leben."
Verkäufer

8 Am besten verkauft, wer nicht verkauft

Wissen Ihre Monteure, dass sie verkaufen dürfen?

Der Kundendienst-Mechaniker eines Maschinenbau-Unternehmens sagt stolz zu seinem Chef: „Als ich bei der ABC KG auf Reparatur war, habe ich herausgefunden, warum die Maschine schon wieder defekt ist: Denen fehlt ein gutes Peripherie-Gerät. Ich habe sofort eines verkauft!" Der Kundendienst-Leiter schlägt die Hände über seinem Kopf zusammen: „Musste das sein? Wissen Sie nicht, welcher Papierkram da nachkommt? Wir können doch gar nicht auf die Bestell-Software zugreifen! Warum haben Sie das nicht dem zuständigen Verkäufer gesagt? Sie sollen reparieren und nicht verkaufen!"

Unglaublich, was hier passiert. Jedem Unternehmen, das eine solche Führungskraft hat, sollte man das Jammern über Märkte, Mitbewerb und Umsatz sofort verbieten. Denn dank dieses Motivationskillers wird es sich jeder und besonders dieser eine Kundendienst-Mitarbeiter künftig achtmal überlegen, bevor er einem Kunden etwas verkauft, worum ihn dieser kniefällig bittet. Und tatsächlich berichten Kunden des Unternehmens über Statements der Monteure wie: „Nee, dat darf ich nicht. Sprechen Sie mit dem Verkäufer." Die Kunden fragen sich: „Wieso so umständlich? Wollen die unseren Umsatz nicht?"

Mit seinem Anfall von Bürokraten-Wahnsinn hat der Kundendienst-Leiter fünf bis zehn Prozent seines Umsatzes kaputtgemacht. *Seines* Umsatzes? Nein, das ist ja das Schlimme daran. Weil es nicht sein Umsatz ist, ist er ihm egal. Schließlich ist er für den Kundendienst zuständig. Für den Umsatz ist der Verkauf zuständig. Dieses Tunneldenken kostet seinen Geschäftsführer Millionen ...

Der Kundendienstleiter eines Mitbewerbers denkt da ganz anders. Er hat ebenfalls ein Problem mit seinen akquirierenden Monteuren. Aber genau das gegenteilige. Er will, dass seine Monteure intensiver akquirieren: „Wie sensibilisiere ich meine Monteure für den Verkauf? Die laufen an so vielen Aufträgen achtlos vorüber, die dann der Mitbewerb wegschnappt!" Warum? Weil es an zwei Punkten fehlt:

✓ TIPP ───────────────────────────────────

Wenn Sie das Umsatzpotenzial in Kundendienst, Montage, Reklamation, Wartung, Instandhaltung und anderen Abteilungen mit Kundenkontakt (die so genannte Line of Visibility) nutzen möchten,

❑ sensibilisieren Sie die entsprechenden Mitarbeiter erst einmal für das Thema: Wissen die überhaupt, dass sie verkaufen dürfen, sollen, müssen?

❑ sorgen Sie dafür, dass sie auch verkaufen können: Bieten Sie ihnen die entsprechenden Trainings an.

Meist wissen die Monteure nämlich überhaupt nicht, was sie mit den Kaufsignalen Ihrer Kunden anfangen sollen. Logisch, sie sind kompetente Monteure. Von „verkaufen" hat ihnen niemand etwas gesagt. Nicht-Verkäufer aus Kundendienst, Reklamation, Service, Wartung, Instandhaltung etc. sitzen auf einem beträchtlichen Umsatzpotenzial. Wenn Sie es anzapfen möchten, müssen Sie diese Leute mit den entsprechenden Goldgräber-Werkzeugen ausstatten. Das umfasst so komplexe Fähigkeiten wie Gesprächsführungskompetenz, beginnt aber auch schon bei den kleinsten Dingen.

Ein Monteur des besagten Maschinenbauers: „Ich würde liebend gerne Kleinaufträge ausschreiben – wenn mir nur endlich jemand dieses Auftragsformular mit seinen tausend Kürzeln und Codes übersetzen könnte." Das wirklich Peinliche daran: Als der Monteur das sagte, stand sein Kundendienstleiter daneben und verzog keine Miene. Akquisition hat ihn nichts anzugehen.

☑ CHECKLISTE – Verkaufsschulung für Nicht-Verkäufer

❏ Von nichts kommt nichts. Nur geschulte Nicht-Verkäufer verkaufen gut.

❏ Bitte schicken Sie sie nicht auf die übliche Verkaufsschulung. Nicht-Verkäufer sind keine Verkäufer – ordern Sie Spezialtrainings.

❏ Prüfen Sie das Konzept des Trainers: Hat er tatsächlich für die spezielle Zielgruppe konzipiert oder nur über sein 08/15-Verkaufsseminar das Etikett „Verkauf im Kundendienst" gekleistert?

❏ Das Training muss die Teilnehmer zunächst für etwas sensibilisieren, was sie bislang nicht wahrnehmen konnten: die Kaufsignale der Kunden. Woran erkennt man sie?

❏ Es muss die Nicht-Verkäufer auf einen Schock vorbereiten: Wie reagiert man richtig auf diese Signale? Denn bislang haben sie falsch bis „beziehungsschädlich" reagiert („Machen'se das mit dem Verkäufer aus!")

❏ Was viele Trainings falsch machen: Einstellung kommt vor Technik!*

❏ Der Trainer muss mit hohem EQ-Wert, guter Verhaltensveränderungskompetenz und Motivationsstärke ausgestattet sein.

❏ Einmal ist keinmal. Achten Sie auf regelmäßige Schulung, mindestens einmal im Jahr, auf der auch und gerade die laufenden Probleme in der Akquisition behoben werden. Verkaufstechnische Auffrischer allein bringen zu wenig.

❏ Integrieren Sie aktuelle Verkaufsaspekte in Ihre Mitarbeitermeetings und -besprechungen. Fordern Sie dort Akquisition ein, fördern und controllen Sie sie.

---

* Viele Verkaufsschulungen für Nicht-Verkäufer pauken Verkaufstechnik, weil Nicht-Verkäufer davon ja noch nie was gehört haben. Das ist falsch. Denn bei den meisten Nicht-Verkäufern herrscht die Einstellung: „Verkaufen? Igitt!" Das Training muss deshalb vor allem an Einsicht, Erkenntnis, Einstellung, Glaubenssätzen, Identifikation und Motivation der Teilnehmer arbeiten – denn ohne diese wird selbst die beste vermittelte Technik nicht angewandt. Das sehen viele Trainer nicht, einigen fehlt für die Umsetzung auch das psychologische Rüstzeug. Engagieren Sie keinen hochbezahlten Tipp-Geber, engagieren Sie einen, der Verhalten verändern kann.

Warum Monteure die besseren Verkäufer sind

Einige der besten Verkaufstalente jeder Branche sind Kundendienstler, Monteure, Techniker, Wartungs- und Instandhaltungsleute. Natürlich verkaufen die meisten dieser Mitarbeiter im Kundenkontakt nicht. Im Gegenteil. Sie behindern den Verkauf. Das ist die Regel, doch die Ausnahmen sind interessanter. Die echten Spitzenkräfte aus diesen Bereichen argumentieren sogar besser als die Spitzenverkäufer. Und das hat seinen Grund. Denn sie verbringen oft mehr Zeit mit dem Kunden und gewinnen einen tieferen Einblick in seine Anwendungsbedingungen und Praxisprobleme. Ein Reparaturauftrag dauert eben meist länger und setzt sich intensiver mit der Problematik auseinander als ein Vertreterbesuch.

Außerdem strahlt der Techniker eine ganz andere Kompetenz aus und hat ein ganz anderes Vertrauensverhältnis zum Kunden – eben weil er nicht in erster Linie verkaufen muss und weil er als „Blaumann" den Stallgeruch mitbringt, den andere Blaumänner beim Verkäufer vermissen. Deshalb verrät der Kunde ihm auch oft, was er dem Verkäufer verschweigt.

Drittens hat der Monteur einen besseren Einblick in das Unternehmen des Kunden. Er sieht es aus der Froschperspektive, der Shop-Floor-Sicht. Der Verkäufer sieht es aus der Besucherperspektive. Monteure und Techniker sind auch die besseren „Klatschtanten". Was sie an Insider-Information erhalten, treibt jedem gestandenen Marktforscher den Neid ins Gesicht. Die ganzen Bürotypen pilgern am Mann mit dem Schraubenzieher vorbei, der den Kopierer repariert. Sie fragen ihn, was er da macht, und ehe sie wissen, was sie sagen, erfährt er mehr über sie als sie über ihn.

Die Liste der Akquisitionsvorteile von Nicht-Verkäufern ist lang. Um es auf den Punkt zu bringen: Wenn Sie fünfzig Verkäufer und zwanzig Kundendienstler haben, haben Sie eigentlich siebzig Verkäufer – wenn Sie es klug anstellen. Nicht-Verkäufer verkaufen gut, wenn sie dazu angehalten und angeleitet werden. Sie können natürlich auch auf das Umsatzpotenzial Ihrer Nicht-Verkäufer verzichten – wenn Sie sich das leisten möchten.

Ohne Teamgeist kein Umatz

Sie haben zwei Möglichkeiten, die Umsatzquelle, auf der die Nicht-Verkäufer sitzen, zu erschließen. Entweder der Kundendienst-Techniker empfängt das implizite oder explizite Kaufsignal seines Kunden, schreibt einen Auftrag aus und sagt: „Bitte hier unterschreiben." Oder der Kundendienstler gibt dem zuständigen Verkäufer einen Tipp.

Auf diese beiden Möglichkeiten sind Sie auch schon gekommen? Logisch, sie liegen auf der Hand. Was liegt da auch noch? Richtig, der Haken: Beide Möglichkeiten setzen Teamgeist voraus. Der Wartungstechniker eines Turbinenherstellers: „Den Verkäufern einen Tipp geben oder gar selber einen Auftrag ausschreiben? Bin ich verrückt? Die sollen selber schauen, wo sie bleiben. Mir hilft ja auch kein Verkäufer beim Drähtebiegen!"

Böse Geschichte! Da gibt es Kunden, die reif für Umsatz sind und die ignoriert werden, nur weil in dieser Firma jede Abteilung eine eigene Firma ist und die Wettbewerbsabteilungen mit dem Messer bekämpft. Typische Aussage eines Verkäufers in Richtung Technik: „Bessere Sachbearbeiter." Retourkutsche des Technikers: „Arroganter Schlipsträger."

Ironischerweise herrscht bei einem Zulieferer des Turbinenherstellers das exakt gegenteilige Klima. Warum? Weil die Leute etwas dafür tun. Das beginnt, wie jede erfolgreiche Veränderung, ganz oben. Der Verkaufsleiter begegnet seinen Abteilungskollegen aus Kundendienst, Wartung und Technik demonstrativ und mindestens einmal wöchentlich mit exzellenter Wertschätzung und redet hinterher nicht schlecht über sie. Bei jedem größeren Abteilungsmeeting lädt man sich gegenseitig ein und zeigt allen, dass man sich respektiert. Wo immer es sich inhaltlich anbietet, werden die Mitarbeiter gemeinsam geschult. Die Verkäufer machen zusammen mit den neuen Monteuren den Einstiegskurs für Monteure, die Monteure belegen Verkaufsschulungen. Beide begleiten sich mindestens zweimal im Jahr auf Kundenbesuchen. Beide haben als Resultat einen Heidenrespekt vor der Profession des anderen, der sich oft so äußert: „Bin ich froh, dass ich nicht seinen Job habe. Könnte ich nie."

Deshalb tut jeder für den anderen (fast) alles, damit dieser seinen Job lange und gut macht. Viele private Freundschaften sind dabei entstanden. Es gibt etliche formelle Meetings: Kundendienst trifft Außendienst, gemeinsamer Quality Circle und Projektgruppen mit klugen Moderato-

☑ CHECKLISTE – Teamkultur

Wie ist das Klima zwischen Ihrem Außen-, Kunden- und Innendienst?

❏ offen konfliktbeladen

❏ latent konfliktträchtig

❏ frostig

❏ nicht gut, nicht schlecht

❏ zwischenmenschlich gut, aber ohne Umsatz-Synergie

❏ man spielt sich eifrig die Auftrags-Chancen zu

Was wird für das Klima getan?

❏ offizielle Teamentwicklungsmaßnahmen mit Externen

❏ gegenseitige Einladung bei Meetings, mindestens quartalsweise

❏ gegenseitige Besuchspraxis, mindestens zweimal jährlich

❏ Förderung gemeinsamer Betriebssportveranstaltungen wie zum Beispiel Abteilungsturniere, Ausflüge ... (kontraproduktiv: „Die sollen nicht kicken, die sollen verkaufen und montieren!", ein Geschäftsführer)

❏ abteilungsübergreifende Arbeitsgruppen: Quality Circles, Projektgruppen, Action Learning, Erfahrungsaustausch, Workshops ... (Vorsicht! Keine Sandkastenspiele!)

❏ standardisiertes, regelmäßiges (mindestens monatliches) schriftliches Reporting zwischen den Abteilungen

❏ ständiger Kontakt zwischen den Abteilungsleitern

❏ wertschätzendes und konstruktives Klima zwischen diesen

❏ Führung pflegt Sprachkultur, duldet kein verbales „Runtermachen" der anderen Abteilungen und tut das selbst nicht

❏ Führungskräfte unterbinden Abteilungsegoismen sofort und nachhaltig

Auswertung:

❏ Bei zehn Kreuzchen: Gratulation. Klima und Synergie in Ihrem Unternehmen sind beneidenswert. Darf ich Sie mal besuchen?

❏ Bei sieben Kreuzchen und weniger: Es besteht Handlungsbedarf bei den offenen Check-Kästchen.

❏ Bei fünf Kreuzchen und weniger: Der Handlungsbedarf ist dringend bis überwältigend, die Erfolgsaussichten düster.

ren, die Abteilungsegoismen sofort aufdecken und abklären. In einem Wort: System statt Zufall. Führung statt Laisser-faire. Es herrscht Teamgeist, weil die Führungskräfte Teams formen und führen können. Können es Ihre?

In so einer Teamkultur kursieren ganz andere Sprüche: „Ist doch egal, wer den Umsatz macht. Der Verkäufer oder ich. Jedenfalls muss der Kunde kriegen, was er braucht, und zwar schnellstmöglich", sagt ein Monteur. Wenn es ein selbstverkäufliches Produkt ist, verkauft er selbst. Wenn es erklärungsbedürftig ist, gibt er seinem Gebietsverkäufer einen Tipp – und telefoniert hinterher, ob der Verkäufer und mit welchem Ergebnis er den Kunden besucht hat, wenn der Verkäufer sich nicht von selbst meldet – was die Regel sein sollte.

Der Provisions-Irrtum

„Ach wissen Sie", sagte mir ein Geschäftsführer, „natürlich sollen sämtliche Mitarbeiter, die Kundenkontakt haben, auch verkaufen, wenn sich das anbietet. Aber die tun das nicht." Warum nicht? Gemacht wird, was sich lohnt. Warum sollte ein Monteur zwanzig Minuten für ein Verkaufsgespräch dransetzen? Schließlich wird er dafür nicht bezahlt, aber es geht von seiner ohnehin knappen Zeit ab. Daher ist es ein Gebot des gesunden Menschenverstandes, dass jeder, der verkauft, auch die Provision dafür einstreicht. Es gibt tatsächlich Führungskräfte, die erwarten, dass verkauft wird, obwohl man dafür keine Provision erhält. Über so viel Realitätsfremde kann man sich nur wundern ...

Als der Kundendienst eines kleinen Reinigungsgeräte-Herstellers dieselbe Provision eingeräumt bekommt wie die Verkäufer, mosern die Verkäufer zwar gewaltig, doch der Umsatz steigt daraufhin prompt. Der Umsatz steigt manchmal sogar zu gewaltig. Weil der Kundendienst verkauft, anstatt zu reparieren. Das passiert immer dann, wenn man sich „oben" zu sehr auf den Motivator Provision verlässt.

Jeder, der ein kapitalintensives Geschäft betreibt, kennt Kundendienst-Monteure, die sich das Gerät beschauen, das Gesicht verziehen und mit saurer Miene verkünden: „Reparatur lohnt sich nicht mehr." Dann kauft man sich ein neues für das alte und hat binnen drei Monaten mehr Reparaturkosten beisammen als in einem Jahr beim alten. Schlechter Kundendienst? Nein, schlechte Führung. Wie um alles in der Welt kann der Kundendienst-Leiter so etwas durchlassen, ja noch nicht einmal bemerken?

Die Provision ist zwar ein nötiger Anreiz, jedoch kein ausreichendes Steuerungsmittel. Nicht-Verkäufer müssen, um ein Überschießen der Akquisition zu vermeiden,

- ❑ gut geschult sein: Hard Selling vergrault Kunden.
- ❑ gut und permanent gebrieft sein: Reparatur wenn möglich, Verkauf wenn nötig.
- ❑ kalkulieren können: Wann lohnt sich (für den Kunden!) Reparatur, wann Kauf?
- ❑ Produktwissen haben: Ist das neue tatsächlich besser als das alte Produkt (und da zählt nicht Marketing-Meinung)?
- ❑ gut controllt werden: Wird tatsächlich sinnvoll beraten?

Strategische Kundenbindung

Wie sind Sie mit dem Kundendienst zufrieden, wenn Sie als Käufer unterwegs sind? Wie empfinden Sie die Nachkauf-Betreuung von der Lieferung und Installation des Bestellten über die Dame am Telefon, wenn Sie mal anrufen, bis zur Kontaktpflege durch das Marketing? Unprofessionell, unpünktlich, arrogant, fachjargon-verliebt, menschlich das Letzte, nicht auskunftsfähig, patzig, schmuddelig, nachtragend, schnell eingeschnappt ... Das sind einige der Nennungen, die bei einer Tiefenbefragung der Kunden eines Maschinenbauers gemacht wurden.

Man stelle sich den krassen Unterschied vor. Der Verkäufer im tadellosen Zweireiher berät den Kunden mit bester Verkaufsrhetorik und der Service-Mann im ölverschmierten Graukittel nuschelt zwei Monate später Fachchinesisch, wenn der Kunde ihn beim Wartungs-Check etwas fragt. Ähnlich der Innendienst: wortkarg, hochnäsig, stets verhetzt, beziehungsblind ...

Es gibt Branchen, da wird der Umsatz nicht mit dem Auftrag, sondern mit dem Service gemacht. Doch selbst in diesen Branchen, die vom Service leben, klagt der Kunde über den Service. In allen anderen ist der Service einfach grauenhaft. Das ist eine gute Nachricht, denn je grauenhafter der Service, desto einfacher für Sie, daran etwas zu verbessern und sich vom Mitbewerb abzusetzen.

Vor allem im Business-to-Business-Bereich wird die Akquisitionswirkung des Service immer noch unterschätzt. Kundendienst ist etwas, was man „eben auch haben muss". Ein teurer Irrtum.

✓ TIPP

Für die meisten industriellen und gewerblichen Kunden ist nicht das Produkt, sondern der Service kaufentscheidend. Nutzen Sie diese Akquisitions-Chance?

Bei zwei relativ gleichwertigen Angeboten erhält jenes mit dem besseren Service den Zuschlag. Siehe Smart. Viele wollten sich bereits 1999 gerne das Vorzeige-Spielzeug kaufen, aber: „Ich fahre doch nicht hundert Kilometer für den Kundendienst!" – zu wenige Service-Stationen. Umgekehrt gibt es Firmen, die eindeutig das technisch schlechtere oder gar teurere Produkt bauen, aber den besseren Service haben. Sagt der Fertigungsleiter eines Metallbearbeiters: „Es ist mir egal, ob die ABC-Bohrer zwanzig Prozent teurer sind als die anderen. Wenn wir den ABC-Servicemann brauchen, steht er binnen vier Stunden auf der Matte." Steht nämlich die Spezialfertigung auch nur einen Tag still, kostet das zigfach mehr als die zwanzig Prozent mehr für die Bohrer.

Würde dieser Fertigungsleiter jemals andere als die ABC-Bohrer kaufen? Nie im Leben. So ein Super-Service ist Kundenbindung pur. Er sichert Umsatz, doch er schafft sogar noch neuen. Stellen Sie sich den ABC-Verkaufsingenieur vor:

Bei diesem Super-Service hat er in diesem Unternehmen, das so begeistert davon ist, ein Heimspiel. Der Kundendienst wird zum Verkaufsfaktor.

Einige Unternehmen haben das sehr gut realisiert. Als die großen Versandhäuser erstmals den 24-Stunden-Service anboten, fragten viele: „Was soll das? Das kostet doch nur und bringt nichts. Wer beim Versand bestellt, rechnet doch mit Lieferzeit." Doch allein dieser Service brachte drei bis sieben Prozent mehr Umsatz. Service ist Akquisitionskraft. Vorausgesetzt, es ist der Service, den sich Kunden wünschen, und nicht der Service, den das Unternehmen sich wünscht.

✓ **TIPP** ————————————————————————————

Egal, ob Ihre Nicht-Verkäufer aktiv oder passiv (siehe Abbildung Seite 109) verkaufen oder als Auftragsmittler auftreten, eines müssen sie auf jeden Fall übernehmen: die strategische Kundenbindung, die Stammkunden-Stabilisierung. Das ist oberstes Ziel. Wissen sie das? Werden sie entsprechend gefordert, gefördert, trainiert und controllt?

Problemfaktor Kundendienst-Leiter

Ob der Kundendienst und ähnliche Abteilungen aktiv oder passiv akquirieren dürfen, sollen oder müssen, können Sie nach Ihren unternehmensspezifischen Besonderheiten entscheiden. Eines aber muss der Service auf jeden Fall schaffen: die langfristige Anbindung des Kunden an das Unternehmen. Klingt einleuchtend? Dann sollten Sie mal Ihren Kundendienst-Leiter dazu hören.

Es gibt Kundendienst-Leiter, die wollen von Kundenbindung nichts hören und von Akquisition schon rein gar nichts: „Wir warten die Maschinen. Wir verkaufen doch nicht!" Das muss man sich mal vorstellen. Da sagt ein Angestellter klipp und klar, dass er auf den Umsatz, der sein Gehalt bezahlt, pfeift – und behält seinen Job! Phantastisch. Jedes Unternehmen, das so einen Umsatzvernichter auch noch bezahlt, bewundere ich aufrichtig. Möchten Sie sich das nicht leisten müssen? Dann packen Sie Ihren Kundendienst-Leiter am Schlafittchen.

Zu seiner Ehrenrettung muss gesagt werden: Kundendienst-Leiter und Leiter anderer Service-Abteilungen im Kundenkontakt können meist nichts für ihre Umsatz-Ignoranz. Es sind oft Techniker, die von Betriebswirtschaft, Verkauf und Rendite nur entfernt etwas gehört haben. Das ist zu entschuldigen. Unentschuldbar ist, wenn Sie es dabei belassen.

✓ **TIPP** ─────────────────────────────────────

Führungskräfte von Service-Abteilungen denken oft nicht von sich aus kunden- und umsatzorientiert. Sie müssen

❑ dafür sensibilisiert,
❑ geschult und
❑ daraufhin geführt werden: fordern, fördern, controllen.

Das ist keine große Angelegenheit. Der Geschäftsführer eines kleinen Chemie-Unternehmens fragt seine Service-Abteilungsleiter beim Jour fixe ganz einfach: „Und? Was haben Sie seit unserem letzten Gespräch für die Akquise getan?" Mit einigen hat er sogar konkrete Zielzahlen vereinbart: So und so viel Zubehör, so und so viele Kleingeräte, Beratungsgespräche und Produktanregungen.

Der Wartungsleiter eines Anlagenbauers versorgt seine Mechaniker mit Standard-Rentabilitätsberechnungen zur Frage: Alte Anlage reparieren, generalüberholen, teilweise oder vollständig neu anschaffen? Mit diesen in der Hand argumentiert es sich vor dem Kunden viel leichter. Er sagt seinen Monteuren auch klipp und klar, bei welchen Kunden mehr mit einer Wartung und bei welchen mehr bei einem Verkauf zu verdienen ist.

✓ **TIPP** ─────────────────────────────────────

Service-Führungskräfte, die neben ihrer Fachkompetenz auch Akquisitionskompetenz einbringen, sind wahre Umsatzbringer. Wie steht es mit Ihren Führungskräften? Und wie gut erfüllt Ihre Personalentwicklung diesen Entwicklungsauftrag?

Abschied vom Innen- und Außendienst

Verkauf ist keine alleinige Aufgabe des Verkaufs. Jeder, der mit Kunden in Kontakt kommt, ist Verkäufer. Sehr anschaulich illustriert das ein Ausschnitt aus einem Interview eines lokalen Rundfunksenders mit einem Topmanager eines mittelständischen Unternehmens:

„Wie viele Mitarbeiter beschäftigen Sie?"
„Sechshundert."
„Und wie viele können wir als Kunden direkt erleben, wie viele davon sind also im Verkauf?"
„Sechshundert."

In diesem Unternehmen ist das nicht nur Propaganda. Selbst der Pförtner hat schon Provision kassiert. Verkauf ist Teamarbeit. Denkt man diesen Gedanken weiter, verschwimmen die Grenzen und Gräben zwischen Innen-, Außen- und Kundendienst immer mehr. Und tatsächlich gibt es in vielen Branchen etliche Unternehmen, in denen es ganz offiziell keinen Innen- und Außendienst mehr gibt. Es gibt nur noch Projektteams. Die Provision ist eine Teamprämie.

Ein schönes Beispiel dafür, wie aus einer Idee eine Marktmacht wird. Zunächst schlägt sich die Idee auf die Personalentwicklung nieder. Wenn alle verkaufen dürfen und sollen, dann müssen auch alle fit für den Verkauf sein: Training. Dann schlägt sie sich auf die Organisationsentwicklung nieder: Wenn alle verkaufen, ist die Trennung zwischen Innen- und Außendienst irgendwann überflüssig. Und weil im Projektmanagement alles viel schneller und kundenfreundlicher abläuft, hängt das Unternehmen bald seine Mitbewerber ab.

☑ **CHECKLISTE – Verkauf mit Nicht-Verkäufern**

❑ Dürfen Ihre Nicht-Verkäufer in Kundendienst, Service, Innendienst, Wartung, Instandhaltung, Reklamation ... verkaufen?

❑ Wissen die das? Sind sie für dieses Thema sensibilisiert?

❑ Sind sie dementsprechend geschult?

❑ Werden sie darauf hin gefordert, gefördert und controllt?

❑ Läuft die Auftragsabwicklung reibungslos oder werden Nicht-Verkäufer durch Papierflut oder Prozesshemmnisse vom Verkaufen abgeschreckt?

❑ Wenn ja, was unternehmen Sie dagegen? Reicht das aus?

❑ Lohnt sich die Akquisition für die Nicht-Verkäufer, Stichwort Provision?

❑ Wird die Schnittstellen-Problematik behoben? Pflegen Sie das Klima zwischen den Abteilungen mit Kundenkontakt so, dass diese sich die Bälle zuspielen? Oder bekriegen sie sich gegenseitig?

❑ Sind Ihre Führungskräfte dafür ausreichend teamkompetent?

❑ Werden Ihre Service-Führungskräfte so geschult, gebrieft und geführt, dass sie auch Akquisitionskraft entwickeln?

9 Die Angst der Verkäufer

Wagen Sie den Tabu-Bruch?

Wenn Sie zart besaitet sind, sollten Sie dieses Kapitel überblättern. Hier packen wir ein heißes Eisen, ein ausgesprochenes Tabu-Thema an. Jeder, der jemals im Außendienst war, weiß, dass Verkäufer Angst haben: bei der Kaltakquise, vor Einwänden, vor dem Preisgespräch und vor „harten Nüssen". Selbst Spitzenverkäufer haben manchmal Angst davor, selbst alte Hasen. Das ist nichts Schlimmes. Das ist normal. Verkaufen ist von allen Wertschöpfungsphasen die absolut härteste. Wer behauptet, vor oder auf Kundenbesuch noch nie zittrige Knie bekommen zu haben, lügt. Jeder kennt die Angst, aber niemand spricht darüber. Deshalb ändert sich auch nichts. Und das kostet Geld, viel Geld.

✓ **TIPP** ————————————————————————

Wie viel mehr Umsatz könnten Sie jetzt, sofort, aus dem Stand realisieren, wenn Ihre Verkäufer

❑ auch sämtlichen schwierigen Kunden gegenüber (gut) verkaufen würden?

❑ alle übereilten Preiszugeständnisse vermieden?

❑ jede Hemmung vor der Kaltakquise ablegten?

❑ jeden Einwand souverän und überzeugend klären könnten?

Eine ganze Menge mehr, nicht? Die Frage ist nur: Lohnt dieser Mehrumsatz die nervenaufreibende Behandlung des leidigen Themas? Das können nur Sie beantworten. Viele Verkaufsleiter verzichten gerne auf einige Hunderttausend Mark Mehrumsatz, nur um das Thema nicht anschneiden zu müssen. Oder sie schicken ihre Verkäufer in Seminare: Soll der Trainer sich darum kümmern.

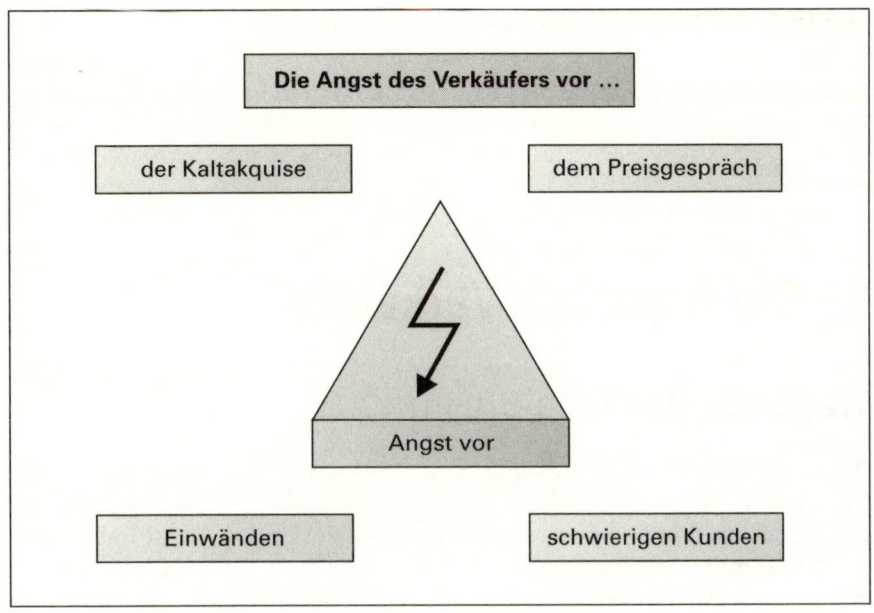

Das geht meist ins Auge. Denn da Angst ein Tabu-Thema ist, können auch die meisten Vertriebstrainer nicht richtig damit umgehen. Wissen Sie, was ein „normaler" Verkaufstrainer macht, wenn er merkt, dass er seit drei Stunden gegen eine Wand redet und es nicht daran liegt, dass seine Teilnehmer die Technik nicht verstehen, die er predigt, sondern dass sie ganz einfach Angst vor Einwand, Preisgespräch oder Kaltakquise haben? Er macht ihnen „Dampf": „Was? Das habt ihr nicht drauf? Darf ja wohl nicht wahr sein! Das wäre doch gelacht!" Das ist die Marke ursachenignorante Begeisterung, die die Power-Day-Gurus verbraten. Nützt das was? Bei Ihren Verkäufern?

Erschwert wird das Problem bei Verkaufsleitern, die früher selbst Verkäufer waren. Sie sind selbst mit dem Problem so stark konfrontiert, dass sie emotional blockiert sind. Nochmals erschwert wird das Ganze dadurch, dass Verkäufer über „so etwas" nicht reden. Verkäufer sind immer gut drauf und wild entschlossen. „Angst? Pah, ich doch nicht!" Die Wahrheit aber sieht anders aus.

Verkäufer können nicht kommunizieren

Auf dem Rückflug von Hamburg nach München saß ein Außendienst-Mitarbeiter in der Reihe neben mir auf dem Mittelsitz. Eine Weile redete er mit seinem rechten Nachbarn. Als dieser sich seiner Lektüre zuwandte, knüpfte er ein Gespräch mit dem linken Nachbarn an. Eine Stunde lang hatte der Verkäufer ständig das Gespräch gesucht. Wieso das auffiel? Weil in einem Flieger voller Geschäftsleute er der einzige war, der eine Unterhaltung zustande brachte. Um ihn herum herrschte eisiges Schweigen. Wir leben eben im Kommunikationszeitalter.

Das Zeitalter kommuniziert vielleicht, die Menschen nicht. Schauen, nein, horchen Sie im Business-Hotel mal im Frühstückssaal herum. Lauter Geschäftsleute, lauter „große Kommunikatoren" und es herrscht meist eisiges Schweigen. Die meisten bringen noch nicht einmal die erste Stufe der Kommunikation zustande, den Gruß. Bei Wartezeiten in Geschäften oder Ämtern: Die Leute stehen herum und starren Löcher in die Tapete. Wo bleibt die angeblich so hohe Kommunikationskompetenz von Managern und Verkäufern? Es gibt sie nicht.

„Ach was", sagte mir ein Verkaufsleiter daraufhin, „das gibt es doch gar nicht! Ein Verkäufer muss sowas doch können!" Mit dieser vorwurfsschwangeren Einstellung ging er auf seine Leute zu, nein, los. Die gingen anschließend auf Tauchstation. Denn der Anspruch ist Mythos. Verkäufer sind nicht immer die geborenen Kommunikatoren. Sie sind ein Spiegelbild der Durchschnittsbevölkerung. Und Otto Normalverbraucher wurde zum Kommunikationsdilettanten erzogen. Mit welcher teuflischen Systematik die Erziehungsinstitutionen unsere Mitarbeiter verbilden, können Sie in meinem Buch „Mitarbeiter-Reanimation" im Detail nachlesen. Hier sei nur gesagt: Wir haben es nie gelernt zu kommunizieren. Im Gegenteil: In Schule, Ausbildung und Hochschule lernt man nur eines: zuhören, Mund halten und bloß keine eigene Meinung entwickeln.

Hinzu kommt, dass viele Verkäufer nicht freiwillig im Verkauf sind. Die Lebensumstände haben sie dazu geführt oder gezwungen. Ein Wissenschaftler, der Persönlichkeits-Typologien erforschte, stellte die Hypothese auf, dass im Außendienst wohl zu neunzig Prozent Extrovertierte anzutreffen sein müssten. Er erlebte sein blaues Wunder. Im Außendienst gibt es genauso viele introvertierte Menschen wie in jeder anderen Berufsgruppe auch.

Sie glauben immer noch an die überragende Kommunikationsfähigkeit des geborenen Verkäufers? Dann machen Sie doch mal die Probe aufs Exempel. Einige Verkaufsleiter und Trainer machen diese Probe oft und gerne. Ein Kollege sagte zu mir: „Jedesmal, wenn mir ein Verkäufer oder Verkaufsleiter etwas von total saturierten Märkten erzählt, suche ich mir eine Handvoll Adressen aus und rufe an. Und ich wundere mich noch und nöcher." Denn selbst in Märkten, in denen angeblich „alles abgegrast" ist, sagen viele, viel zu viele Angerufene: „Wie? Nö, bei mir hat noch nie jemand aus der Branche angerufen und schon erst recht nicht von Ihrer Firma!" Und das sind nicht nur die Exoten. Das sind komplette, potente Zielgruppensegmente. Da liegen potenzielle Kundensegmente brach, während um die anderen Kunden ein Wettbewerb bis aufs Messer geführt wird. Paradox!

Paradox? Nein, logisch! Es gibt 7 000 Anwälte in München und 3 500 Taxis. München ist ein Riesenmarkt für Anwälte und Taxis. Geht's denen allen blendend? Ach was, da gibt es genau so viele Hungerleider und Spitzenverdiener wie in jeder anderen Branche. Vierzig Prozent sind arme Schlucker, vierzig Prozent geht es ganz anständig und zwanzig Prozent machen den dicken Reibach. Seltsam, nicht? Solche Riesenunterschiede. Dabei ist es ein- und derselbe Markt. Was macht die Spitzenverdiener aus? Ihre Fähigkeit der offensiven Marktbearbeitung, der Kontaktbereitschaft par excellence, der ständigen, bedingungslosen Offenheit für neue Gesichter, neue Themen, neue Zielgruppen und neue Marktbearbeitungsstrategien. Und die entwickelt man erst, wenn man nicht bei der ersten kalten Klinke, beim ersten Einwand oder dem ersten schwierigen Kunden vor Angst den taktischen Rückzug antritt.

✓ **TIPP** ————————————————————————————

Kommen Sie von der irrigen Annahme herunter, Verkäufer seien überdurchschnittlich begabte Kommunikatoren. Diese Annahme verstellt Ihnen den Blick auf die Ursachen des Kommunikationsproblems im Verkauf und erschwert Ihnen die Führung ungemein und unnötig. Seien Sie realistisch und gehen Sie vom Bevölkerungsdurchschnitt aus.

Weder sind Verkäufer die geborenen Kommunikatoren, noch zieht der Verkauf überproportional begabte Kommunikatoren an, noch wird man kommunikativ, bloß weil man Verkäufer und geschult ist, noch haben wir jemals gelernt, kompetent zu kommunizieren. Kein Wunder, dass die meisten Verkäufer vor brenzligen Situationen Angst haben und mit angezogener Handbremse verkaufen. Wie holen Sie Ihre Mitarbeiter aus der Angstblockade raus?

Mit Ängsten umgehen

„Wenn meine Verkäufer Angst haben, dann muss ich eben dafür sorgen, dass sie keine Angst mehr haben!", sagte ein Geschäftsführer unlängst. Wie sehr er sich doch irrt. Er, Sie, ich – niemand auf der Welt kann Verkäufern die Angst ausreden. Obwohl das viele leider immer wieder versuchen: „Nun habt euch nicht so! Munter die Klinke geputzt!" Das ist vergeudete Liebesmüh. Es funktioniert nicht, und das haben Sie längst bemerkt, wenn Sie die Auswirkungen solcher Motivationsreden scharf beobachtet haben. Leider ziehen viele Manager aus dieser Beobachtung den falschen Schluss. So der Geschäftsführer einer mittelständischen Firma: „Wöchentlich einmal predige ich den Verkäufern, dass wir dringend mehr Frischkunden brauchen. Ich habe das schon hundertmal gesagt. Glauben Sie, das fruchtet was? Ich rede wie gegen die Wand!" Dann würde ich doch mal etwas anderes probieren.

✓ **TIPP**

Niemand kann einem Menschen seine Blockaden ausreden. Sie können ihn nur lehren, damit so umzugehen, dass sie ihn nicht mehr blockieren.

Und am besten lehrt man immer noch, nein, nicht durch vorreden, auch nicht durch vormachen, sondern durch nachmachen und darüber reflektieren lassen. Wir können das sehr schön an der Kaltakquise beobachten. Treten hier Schwächen auf, sieht das sogar der unerfahrene Vorgesetzte meist auf den ersten Blick: zu wenig Neukunden. Wenn der Vorgesetzte dann selbst keine Vertriebstrainer-Kompetenz erworben hat, schickt er sein Team ins Verkaufstraining. Natürlich hat dann keiner der teilnehmenden Verkäufer Angst vor der Kaltakquise. Doch wenn wir eine Weile mit ihnen reden, kommen die Angst anzeigenden Schlüsselfragen hoch: „Ich würde ja schon gerne raus – aber was ist, wenn der Interessent Nein sagt? Wenn er mich gar nicht erst empfängt? Wenn er mich mit Verweis auf seinen Hoflieferanten lächerlich macht?" Gute, berechtigte Fragen. Jeder, der solche Fragen mit einer Handbewegung abtut und auf die fehlende Begeisterung verweist, sollte sein Trainerdiplom zurückgeben.

Hinter solchen Fragen steht die Annahme, dass Menschen auf eine Kaltansprache auf irgendeine Weise negativ reagieren. Und diese Annahme kann kein Rhetoriker der Welt widerlegen. Das kann nur die Realität. Also schicken wir die Teilnehmer raus auf die Straße und lassen sie wildfremde Passanten zum Thema Verkauf ansprechen. Die Teilnehmer kommen regelmäßig völlig erschüttert zurück: keine einzige Abfuhr! Die meisten Menschen reagieren ausgesprochen freundlich, wenn man sie freundlich anredet. Vielleicht reagiert der eine gehetzt, aber bösartig reagiert niemand. Moral: Angst bewältigt man am besten, indem man sich ihr in einer lernförderlichen Atmosphäre unter coachender Begleitung stellt. Ob das ein Trainer oder ein Verkaufsleiter mit Trainerkompetenz macht, ist egal.

Hört sich alles ganz einfach und logisch an, nicht? Und was machen viele Verkaufsleiter mit dieser einfachen Logik? Sie stellen sie auf den Kopf. „Ach was, wir gehen jetzt raus und reißen Neukunden auf!" Jawoll, wir, die Verkäufer, die Helden der Nation! Dass man mit so einer Volkshelden-Attitüde den Verkäufern nicht über ihre heimlichen Ängste hinweghilft, liegt auf der Hand. Helden haben keine Angst. Also zementiert solche Verkaufsleiter-Rhetorik die Ängste nur noch, indem sie die Kluft zwischen Anspruch und Wahrheit ins Unermessliche vergrößert.

✓ **TIPP** ————————————————————————

Sie gewinnen nichts, wenn Sie die heimlichen Ängste der Verkäufer mit flotten Worten überspielen. Vom Ignorieren verschwinden die Angstursachen nicht. Wer mit seinen Ängsten umgehen lernen will, muss sich ihnen stellen.

Wer befreite Verkäufer möchte, sollte die heimlichen Ängste nicht bagatellisieren, tabuisieren, verdrängen, verleugnen, diskriminieren oder lächerlich machen. Dann wird die ohnehin meterdicke Fassade der Verkäufer, hinter denen sie ihre wahren Gefühle verstecken, nur noch dicker. Wenn Sie das Innenleben Ihrer Leute nur lange genug ignorieren oder als Schwäche diskriminieren, erreichen Sie die Leute irgendwann gar nicht mehr. Blockaden im Verkauf sind nicht dramatisch. Dramatisch wird es nur, wenn sie im Verborgenen wuchern und nicht zur Sprache gebracht werden. Wer befreit verkaufende Verkäufer möchte, sollte deren Hemmungen verstehen, sie als menschlich akzeptieren und kommunizieren und den Verkäufern Strategien an die Hand geben, um mit ihnen umzugehen.

✓ **TIPP** ————————————————————————

Blockaden und Ängste der Verkäufer überwinden Sie mit ihnen am leichtesten und schnellsten, wenn Sie und Ihre Verkäufer

❑ sich ihnen stellen,
❑ sich mit ihnen auseinander setzen und
❑ gemeinsam vor- und nachmachen, wie man damit umgehen kann.

Um das Kind beim Namen zu nennen: Viele Verkaufsleiter und Geschäftsführer sind mit dem Problem einfach überfordert. Sie sind exzellente Experten auf ihrem Fachgebiet. Doch von Menschenführung haben sie nur mal schnell im Führungsseminar – wenn überhaupt! – etwas gehört. Dass dies nicht ausreicht, merken insbesondere Führungskräfte im Vertrieb recht schnell, denn der Verkauf mit seiner hochemotionalen Atmosphäre ist extrem führungsintensiv. Auch deshalb absolvieren immer mehr Führungskräfte aus dem Vertrieb eine Ausbildung zum Vertriebstrainer. Denn Trainer werden dafür ausgebildet, Menschen in schwierigen Situationen – Seminare sind das immer – über ihre Blockaden hinwegzuführen. Markant formuliert: Trainer sind Experten in Menschenführung. Sie haben in aller Ausführlichkeit und mit vielen Methoden gelernt, mit Menschen, deren Blockaden und Ängsten so umzugehen, dass sie nachher erheblich mehr leisten als vorher. Deshalb ist die Trainerkompetenz wie geschaffen zur Mitarbeiterführung.

Jeder Deckel auf den richtigen Topf

Es ist erstaunlich, wie oft im Verkauf im Zusammenhang mit Blockaden das erste Prinzip der Personalauswahl missachtet wird: Der richtige Mann am richtigen Platz. Es gibt in jedem Team Verkäufer, die nur so vor Fachkompetenz strotzen, diese aber vor lauter Hemmungen nicht an den Kunden bringen. Es gibt Verkaufsleiter, die quälen solche Kandidaten so lange, bis sie gehen. Andere Vorgesetzte lassen den Verkäufer das Gesicht wahren und bieten ihm, wenn es nicht mehr anders geht, einen Posten im Innendienst an, wo er dann plötzlich aufblüht und Superleistung bringt.

Dieses Prinzip des Richtigen am richtigen Ort bringt in vielen Variationen Vorteile. In etlichen Unternehmen versucht man längst nicht mehr, allen Verkäufern die Schwellenangst zu nehmen. Man nimmt ganz einfach jene ohne Schwellenangst und setzt sie in der Akquise ein. Ist akquiriert, übernehmen die Kollegen von der Kundenpflege den Kunden. Ein großes deutsches IT-Unternehmen hat 1999 speziell ein Akquiseteam mit sechzig Verkäufern aus der Taufe gehoben, das nichts anderes tut, als Neukunden zu akquirieren. Mit dieser Lösung fahren alle besser. Die echten Akquisiteure finden nämlich nichts langweiliger als Kundenpflege. Und die echten Kundenpfleger trauen sich nicht über die kalte Schwelle.

✓ **TIPP** ───

Es gibt in jedem Team Kollegen, die exzellent akquirieren, und solche, die aus 2 000 Mark Auftragsvolumen durch exzellente Pflege 20 000 Mark machen können. Verteilen Sie die Aufgaben im Team so, dass Synergie entsteht und aus dem Ganzen mehr wird als die Summe der Teile.

Asphaltmüdigkeit und Altersarthrose

Wahrscheinlich ist Ihnen inzwischen ganz mulmig zumute, nicht? Das ist normal. Die meisten Führungskräfte haben einen Heidenrespekt vor solchen gefühlsbetonten Themen. „Ich kann doch nicht mit meinen Verkäufern über ihre Ängste reden", spricht eine Verkaufsleiterin für viele. „Ich bin doch nicht deren Therapeut." Hat das jemand behauptet? Natürlich müssen Sie nicht mit den Verkäufern über deren Ängste reden, nach dem soften Motto: „Reden wir mal darüber." Das ist Kaffeeklatsch, der nichts einbringt.

✓ **TIPP** ───

Reden Sie nicht über die Ängste der Mitarbeiter. Reden Sie über deren Ursachen.

Eine der häufigsten Blockaden in Grenzsituationen wie Kaltakquise oder Preisgespräch ist mit bloßem Auge zu erkennen: mangelnde Fachkenntnis. Erstaunt Sie das? So geht es vielen Führungskräften. Denn eigentlich erwarten wir von Verkäufern, dass sie ihre Produkte in- und auswendig beherrschen. Das tun sie auch — ganz am Anfang. Mit der Zeit lässt die Fachkenntnis nach, weil die Desillusionierung zunimmt. In unseren Seminaren machen wir die Probe. Wir lassen die Verkäufer ihre Produkte präsentieren. Was mit Elan beginnt, fängt nach einer halben Minute bereits heftig zu holpern an.

Je länger der Verkäufer im Team ist,

- desto stärker nimmt seine Begeisterung ab,
- desto weniger beherrscht er seine Argumentation,
- desto stärker versteckt er sich hinter einer Fassade aus Fachjargon,
- desto eher geht er Fachgesprächen im eigentlichen Sinne aus dem Weg,
- desto stärker argumentiert er mit Produkteigenschaften und weniger mit Kundennutzen.

Kurz: Er pflegt eine Aura der Fachkompetenz, die er nicht mehr hat. Und natürlich fürchtet er, „erkannt" zu werden. Deshalb geht er Situationen, in denen die Gefahr der Entlarvung besonders groß ist, systematisch aus dem Weg. Und das sind eben Grenzsituationen wie Kaltakquise oder Preisgespräch. Wer argumentativ nicht sattelfest ist, scheut solche Situationen automatisch. Das ist menschlich und verständlich.

✓ **TIPP** ——————————————————————————————

Meist steckt hinter Angst vor Grenzsituationen mangelnde Fachkompetenz und dahinter wiederum mangelnde Identifikation mit Firma, Produkt, Kunden und Tätigkeit. Prüfen Sie diese Ursachenkette: Trifft sie zu?

Hinter der Angst vor Grenzsituationen steht die mangelnde Fachkompetenz und dahinter wiederum die mangelnde Identifikation. Meist deuten das die Verkäufer an, wenn Sie ernsthaft und ohne Zeitdruck mit ihnen reden. Einer sagt: „Ich bin ganz einfach asphaltmüde. Alles ödet mich an. Unsere mangelhaften Produkte, die überzogenen Zielzahlen, die sturköpfigen Kunden und das Klinkenputzen sowieso."

Logisch, dass er mit dieser Altersarthrose im Kopf in die Knie geht, sobald der Kunde „Zu teuer!" sagt. Denn er ist ja selbst nicht mehr davon überzeugt, dass sein Angebot den Preis wert ist. Und was machen unerfahrene Führungskräfte und Trainer, wenn sie merken, dass Verkäufer in entscheidenden Situationen in die Knie gehen? Sie vermitteln ihnen Tricks und Tipps für Einwände, Preisgespräche und Kaltakquise. Das ist zwar gut gemeint und blendet viele Vorgesetzte so stark, dass sie die Tippgeber buchen. Aber das ist natürlich reine Symptomtherapie. Tricks und Tipps überdecken nur die Angst, sie beseitigen deren Ursachen nicht. Denn die Ursache ist mangelnde Fachkompetenz, nicht Trickarmut.

✓ **TIPP** ——————————————————————————————

Bevor Sie mit Tricks und Tipps nach Ihren Verkäufern werfen, sollten Sie erst einmal prüfen, wie es um ihre Identifikation und Fachkompetenz bestellt ist.

Von allen Schlüsselfähigkeiten im Verkauf ist die Fachkompetenz die am einfachsten zu trainierende. Leider drücken sich viele Führungskräfte im Vertrieb um diese Aufgabe,

- entweder weil sie der Illusion aufsitzen, dass ein erfahrener Verkäufer automatisch seine Fachkompetenz pflegt
- oder weil sie selbst keine ausreichende Trainerkompetenz besitzen, um die Lücken in der Fachkompetenz in den wöchentlichen Verkäufermeetings zu schließen.

Beides sind Mängel, die Sie sehr schnell beheben können.

✓ **TIPP** ─────────────────────────────────

Der Zwei-Minuten-Test für Fachkompetenz: Wenn Ihnen ein Verkäufer über den Weg läuft, stellen Sie ihm eine Aufgabe: ein Produkt in einer bestimmten Zielgruppe. Lassen Sie sich aus dem Stand Produkteigenschaften, Verkaufsargumente und Kundennutzenansprache nennen.

Sie werden schnell merken, was der Verkäufer kann und was nicht. Positiver Nebeneffekt: Da die Verkäufer an jeder Ecke den Zwei-Minuten-Test erwarten, werden sie ihre Fachkompetenz ständig vorbeugend pflegen. Ganz im Sinne des Erfinders.

Angstgespräche, ein Fallbeispiel

Wenn bei Ihnen immer noch das mulmige Gefühl vorherrscht, überblättern Sie diesen Abschnitt. Es ist kaum wahrscheinlich, dass Sie in nächster Zeit einem Ihrer Verkäufer die Angst nehmen werden. Aber Sie könnten mit Ihrem persönlichen Coach über das Thema reden. Er hilft Ihnen, die eigenen Blockaden zu überwinden. Etliche Führungskräfte im Vertrieb haben inzwischen einen Coach, etliche Firmen bieten als Standard-Leistung im Management Development ein Coaching-Pool an.

Wenn Sie dagegen erkannt haben, dass einige Ihrer Verkäufer in Grenzsituationen blockiert sind und etwas dagegen tun möchten, dann haben Sie bis hierher viele Tipps aufgenommen, wie Sie sich angesichts des kostspieligen Problems am besten verhalten. Doch wie führt man nun im konkreten Fall so ein Gespräch? Betrachten wir dazu ein Fallbeispiel:

Silke Zehner ist im Außendienst eines Finanzdienstleisters beschäftigt. Sie ist ein typischer Coaching-Fall. Jung, engagiert, überdurchschnittlich leistungsbereit. Ihr Verkaufsleiter, Jochen Herbst, erkennt ihr Potenzial. Sie ist im Stande, das Auftragsvolumen jedes Stammkunden binnen drei Jahren um ein Drittel, wenn nicht um mehr, zu steigern. Der Haken: So viele Stammkunden hat sie noch nicht. Und mit Neukunden tut sie sich schwer. Jochen Herbst hat verschiedene Möglichkeiten, das Problem aus der Welt zu räumen:

Gesprächsauftakt, Version I: „Frau Zehner, Ihre Akquise lässt sehr zu wünschen übrig!"

Direkte Folge sind Ausreden: „Sie verlangen zu viel nach so kurzer Zeit. Mein Vorgänger hat das Gebiet total runtergewirtschaftet. Ich muss erst die Stammkunden absichern ...“

✓ **TIPP**

Wenn Sie den Verkäufer plattmachen wollen, beginnen Sie mit einem Pauschalvorwurf bezüglich des Leistungsstands. Wenn Sie das Problem an der Wurzel beheben wollen, beginnen Sie mit einer wertfreien, offenen Frage zum Problemgebiet.

Version II: „Frau Zehner, wie steht es denn zur Zeit mit Ihrer Akquise?“

Lassen Sie den Mitarbeiter reden, seine Sicht der Dinge schildern. Sie beobachten nur: Wann treten Angstindikatoren auf?

„Wie steht es denn mit den Freiberuflern und Selbständigen?“
„Ja, hmh, vor allem die Ärzte haben gerade kein Geld und die Steuerberater legen traditionell anders an.“

Version I: „Ach was, Ärzte haben immer Geld. Die jammern einfach nur.“

Folge: „Also, das kann ich nicht bestätigen.“ Das Gespräch artet in einen Rechthaber-Wettstreit aus.

Version II: „Welchen Arzt haben Sie denn zuletzt besucht?“

✓ **TIPP**

Halten Sie das Gespräch so konkret wie möglich, am besten am Kundenbeispiel. Dann besteht kaum Möglichkeit für Ausweichtaktiken. Weder auf Seite des Mitarbeiters noch auf Seite der Führungskraft.

Prüfen Sie nach, ob im konkreten Fall tatsächlich ein objektiver Hinderungsgrund besteht. Wenn nicht, liegt die Vermutung einer Blockade nahe.

Version I: „Ach was, das sind doch nur Ausreden. Sie haben ganz einfach Anst vor der Kaltakquise.“

Folge: Mitarbeiter mauert.

Ziel des Gesprächs ist es nicht, Widerstand zu provozieren, sondern den Grund für die Blockade herauszufinden. Dafür gibt es einige sehr potente Fragetechniken,

● zum Beispiel die Suche nach der Ausnahme: „Wie geht es Ihnen mit den anderen Ärzten? Wie mit anderen Freiberuflern und Selbständigen? Wie mit anderen Interessenten? Oder gibt es jeweils Ausnahmen? Was macht diese Ausnahmen aus?" Dann können Sie dem Mitarbeiter zumindest helfen, die „richtigen" Interessenten auszuwählen und die Angstkunden so nach und nach in den Griff zu bekommen.

● oder die Märchen-Frage: „Was müsste passieren, damit Sie auch diese Zielgruppe gerne besuchen? Wenn Sie drei Wünsche bei der Märchenfee frei hätten, was würden Sie sich wünschen?" Diese Frage ermittelt direkt die Blockadegründe.

● oder die Zielfrage: „Angenommen, Sie hätten das Problem bereits gelöst – was wäre anders? Wie anders würden Sie auftreten? Was hätten Sie verändert?"

Es gibt viele dieser Frage- und Gesprächsführungstechniken. Erfahrene Vorgesetzte, Geschäftsführer und Verkaufsleiter machen da ungeniert Anleihen bei Trainern und Coaches. Mit etwas Technik und nur wenigen Minuten Einsatz knackt ein gesprächskompetenter Vorgesetzter jeden Blockadegrund. Und ist die Problemursache erkannt, ist das Problem meist schon halb gelöst. Das macht erfahrenen Vorgesetzten sogar richtig Spaß. Eine Customer-Support-Leiterin: „Aus einem mittelprächtigen Stürmer mit nur einem oder zwei Gesprächen einen Spitzenstürmer zu machen, ist schon ein tolles Gefühl."

Atmosphäre und Sprachkultur

Neben der Gesprächskompetenz des Vorgesetzten ist ein weiterer Schlüsselfaktor zur Bewältigung von Ängsten im Verkauf die Gesprächsatmosphäre. In vielen Verkaufsteams herrscht die Stimmung:

● „Bloß nicht über Heikles reden!"
● „Immer gut drauf sein."
● „Ein Verkäufer hat keine Probleme, er löst sie!"

Ganz anders der Verkaufsleiter eines Sportartiklers. Er sagt mindestens einmal im Monat in der Besprechung: „Leute, wenn es Probleme gibt, kommt zu mir. Vielleicht habe ich nicht immer die Zeit, vielleicht habe auch ich keine Lösung. Aber lasst uns wenigstens darüber reden. Meistens hilft allein schon das." Das sind dürre Worte, doch er lebt danach. Er redet wirklich mit seinen Leuten, wenn Bedarf ist.

Er schwafelt sie dabei nicht zu. Eigentlich sagt er überhaupt nicht viel. Weil er aktiv zuhören kann. Zugegeben, das können nur rund zwanzig Prozent der Führungskräfte. Aber wenn man es kann, hat es durchschlagende Wirkung. Die Atmosphäre in seinem Team ist deutlich angstfreier als beim Mitbewerb. Allein weil die Leute wissen, dass er für sie da ist, wenn sie ihn brauchen.

✓ TIPP ————————————————————————————————

Ein Abteilungsleiter eines Warenhauses hat die Regel ausgegeben: „Ich habe jederzeit für jeden Mitarbeiter zumindest einige Minuten Zeit. Selbst wenn es brennt, nehme ich mir diese Minuten." Auch eine Regel für Sie?

Das klingt zynisch, doch die Mitarbeiter haben sich daran gewöhnt, ihr Problem in einem Satz und ihre Bitte in einem weiteren zu formulieren. Der Witz dabei: Meist ist die Sache in weniger als einer Minute gelöst oder man vereinbart ein längeres Gespräch für einen bestimmten Termin.

Eng verwandt mit der Pflege der Atmosphäre ist die gelebte Sprachkultur:

- „Ach was, nun reißen Sie sich mal zusammen!"
- „Jammern Sie nicht. Gehen Sie raus und zeigen Sie mir, was Sie draufhaben!"
- „Gehen Sie so dicht ran, dass Sie das Weiße im Auge des Kunden sehen!"

Der stressintensive Verkauf ist anfällig für solche Verbalaggressionen. Doch diese Art von Verkauf ist in keiner Situation angebracht. Das Problem liegt nun leider darin, dass viele Vorgesetzte und Verkäufer glauben, dass mancher Kunde auf diese Weise angefasst werden sollte. Also tun sie auch typische EQ-Fragen ebenso ab: „Stell dich nicht so an! Drück dem Kunden eben den Preis aufs Auge!" Dadurch werden die Ängste nicht nur nicht bewältigt, sie werden vielmehr ins Grenzenlose gesteigert. Wie alle Emotionen, die nicht besprochen werden, weil sie nicht „erlaubt" sind. Je weniger Verkäufer Angst haben dürfen, desto eher und heftiger haben sie sie und desto dicker wird ihre Fassade.

Es ist interessant zu beobachten, wie erfahrene Führungskräfte im Vertrieb die Sprachgewohnheiten steuern, immer das richtige Wort zur passenden Situation finden, darauf achten, dass keiner die Sprachkultur verdirbt. Sie haben ein gutes Ohr und ein differenziertes Sprachgefühl. Manchen unerfahrenen Führungskräften im Vertrieb fällt es gar nicht auf, wenn sie verbal mal wieder voll daneben liegen. Außerdem ist ihre Sprache zu wenig differenziert. Genau das ist jedoch kommunikative Kompetenz. Auch die kann man trainieren.

☑ **CHECKLISTE – Verkaufen ohne Angst**

Verkaufen Ihre Verkäufer angstfrei? Sie tun es,
- ❏ wenn sie viel kaltakquirieren,
- ❏ kaum Preisnachlässe geben,
- ❏ schwierige Kunden nicht als Problem, sondern als Herausforderung sehen und auch so kommunizieren,
- ❏ keine Angst vor Einwänden haben,
- ❏ in anderen Grenzsituationen eine gute Figur machen.

Wie groß die Angst in Ihrem Team ist, erkennen Sie an Intensität und Häufigkeit solcher Indikator-Aussprüche wie:
- ❏ „Was soll ich denn machen, wenn der Kunde mir das nicht abnimmt?"
- ❏ „Wir sind einfach viel zu teuer."
- ❏ „Der Mitbewerb macht das viel besser."
- ❏ „Wozu soll ich den besucXdn? Das bringt doch eh' nix."

Wie reagieren Sie auf Angst im Team?
- ❏ Ich mache den Leuten Mut: „Kopf hoch. Nun habt euch nicht so!"
- ❏ Ich mische mich nicht in das Gefühlsleben anderer ein, das ist deren Privatsache.
- ❏ Ein guter Verkäufer kommt damit allein klar.
- ❏ Ich nehme Angstindikatoren auf, knüpfe daran ein Coaching-Gespräch an und zeige, wie man mit Angst umgeht.
- ❏ Muss noch gesagt werden, welche dieser vier Lösungen die richtige ist?

Fühlen Sie sich fit, die Angst im Team anzupacken?
- ❏ Meine emotionale Kompetenz reicht aus, um die Angstindikatoren wahrzunehmen.
- ❏ Meine Empathie reicht aus, um mich in die Verkäufer hineinzuversetzen.
- ❏ Meine Coaching-Kompetenz reicht aus, um mich nicht vom Problem gefangen nehmen zu lassen.
- ❏ Meine Gesprächskompetenz reicht aus, um ein Gespräch zur Beseitigung von Blockaden zügig und mit hoher Erfolgsaussicht zu bestreiten.
- ❏ Ich verfüge über ausreichend Techniken, um mit Angst umzugehen, die ich weiterreichen kann.
- ❏ Die Lücken in diesen fünf Kernkompetenzen schließe ich spätestens bis .... durch Training/Coaching.

10 Keine Angst vor großen Tieren

Mut zum Key Account

Das Geld liegt auf der Straße. Leider suchen viele Unternehmen nur auf ihrer kleinen Nebenstraße danach, in Vororten und Wohngebieten. Wie wär's mal mit der großen Stadt? Der Königsstraße, der Elb-Chaussee? Auf den großen Straßen der Welt liegt das große Geld.

Wenn wir uns das Kunden-Portfolio vieler kleiner und mittlerer Unternehmen anschauen, fällt uns immer wieder auf: Die liefern nur an ihresgleichen. Sie bemerken das noch nicht einmal. Weil sie schon so lange mit dem Tunnelblick durch die Marktlandschaft laufen, halten sie ihr kleines Marktsegment für die Welt. Viele dieser Unternehmen haben tadellose Produkte und einen mustergültigen Service, doch leider Angst vor großen Tieren: „Meine Logistik packt das doch gar nicht, wenn Eduscho oder Quelle oder BP ordern!"

Sie halten die Großen für eine Nummer zu groß. Achten Sie auf die Wortwahl: Sie *halten* sie für zu groß. Das ist ein Dafürhalten, keine Tatsachenaussage. Und meist ist diese Umsatzkiller-Einstellung auch noch unreflektiert. Man(ager) hält sie für wahr, obwohl sie alles andere als wahr ist. Umsatz ist (auch) eine Frage der unternehmerischen Einstellung. Fragen Sie jeden Sportler: Mit einer „Hat-ja-eh'-kein-Wert"-Einstellung kommt man nicht weit. Schauen Sie sich jährlich den DFB-Pokal an. Da schlagen die Zwerge die Riesen, auch Bayern-Effekt genannt. Aber das schaffen nur jene Zwerge, die keine Angst vor großen Namen haben und sich etwas zutrauen. David hatte vielleicht nicht viel auf den Rippen, aber er hatte eine Steinschleuder. Was haben Sie in petto?

Seltsamerweise überrollt uns hier ein bekanntes Problem aus einer überraschenden Richtung: Warum winken viele Geschäftsführer und Vertriebsleiter müde ab, wenn das Gespräch auf Großkunden, auf Key Accounts kommt? Weil ihre Produkte nicht gut genug sind? Nein, objektiv gesehen sind sie das. Die Wahrheit ist: Weil auch sie von der Identifikations-Anämie ihrer Verkäufer angesteckt wurden. Viele Topmanager identifizieren sich nicht mit, geschweige denn sind sie überzeugt von dem, was sie da tun und anbieten. Und wer nicht von sich und seinem Angebot überzeugt ist, der geht natürlich vor den Großen in die Knie.

✓ **TIPP**

Wenn Sie von Ihren Produkten und Dienstleistungen auch heute noch so überzeugt sind wie „damals", als Sie noch jung und frisch im Geschäft waren, trauen Sie sich auch an die großen Pötte ran! Es ist alles eine Frage der Einstellung.

Übrigens, Einstellungen sind nicht gottgegeben. Das weiß jeder Bundesliga-Trainer. An Überzeugungen kann man arbeiten. Eine ganze Wissenschaft gibt es dazu, die Instrumente von der Transaktionsanalyse über die Verhaltenstypisierung bis zum Neurolinguistischen Programmieren anbietet. Der Elan der früheren Jahre ist nicht dahin. Er lässt sich jederzeit wieder herstellen und sogar übertreffen. Auch dafür gibt es persönliche Coaches.

☑ **CHECKLISTE – Großkunden**

❑ Enthält Ihr Kundenportfolio ausreichend Großkunden?
❑ Werden Großkunden aktiv akquiriert?
❑ Was hält Sie davon ab?
❑ Welche objektiven Hinderungsgründe gibt es?
❑ Welche Hinderungsgründe existieren eher in den Köpfen von Topmanagement und Verkauf?
❑ Was können Sie tun, um bei sich und Ihren Leuten die nötige Identifikation und Begeisterung für die Großkunden-Akquise zu schaffen?

Vorteile und Gefahren von Großkunden

In der Regel ernährt sich das Eichhörnchen mühsam. Die Verkäufer klingeln sich von Tür zu Tür und tragen die Aufträge zusammen. Ordert dagegen ein Großkunde, bringt das an einem Tag oft ein Volumen, für das der gesamte Außendienst sonst Monate benötigt. Großkunden bringen Sicherheit, Cash Flow, Kapazitätsauslastung und senken die Akquisegesamtkosten. Ein Großkunde ist viele Verkäufer: Kauft zum Beispiel Shell Ihre Salzbrezeln, kaufen einige Hundert Tankstellen gleich mit, ohne dass Sie sie akquirieren müssten. Deshalb ist ein Key Account etwas sehr Beruhigendes – sofern Sie nicht zu viel davon erwischen. Bei Großkunden besteht immer die latente Gefahr, in Abhängigkeit zu geraten und irgendwann auf nur einem Bein dazustehen.

✓ **TIPP** ——————————————————————————

Achten Sie auf ein ausgewogenes Portfolio. Der Großkunde ist zwar wünschenswert und nötig, doch neben ihm muss es so viele kleine und mittlere Kunden geben, dass Sie notfalls auch ohne ihn zurecht kommen können.

Diese Abhängigkeit vom Großkunden kann nicht nur im Portfolio, sondern bereits in der Auftragsbearbeitung auftreten. Sagt der Leiter einer kleinen Werkstatt: „Unser Lieferant liefert die A-Qualität an den XY-Konzern, wir kriegen den besseren Ausschuss." Dasselbe passiert mit den Lieferzeiten: Immer öfter müssen Stammkunden warten, weil erst der Großkunde beliefert wird. So etwas spricht sich herum. Der Werkstattleiter sucht bereits nach einer anderen Lieferquelle.

✓ **TIPP** ——————————————————————————

Natürlich muss ein Großkunde anders gepflegt werden als der kleinere Kunde. Aber lassen Sie keine Zweiklassen-Gesellschaft zu!

Das hört sich alles sehr einfach an – BWL für Anfänger. Deshalb wundern wir uns immer sehr, wenn wir in Unternehmen kommen, in denen das Portfolio bereits mehr als schief hängt und die Abwanderungstendenzen einiger Kunden mit Händen zu greifen sind. Über die reine Auslastung und Auftragslage vergisst man sehr leicht Portfolio und Leistungsniveau. Ein Großkunde ist schön – wenn Sie darüber Ihre Stammkundschaft nicht aus den Augen verlieren.

Stemmen Sie das?

„Ach was", sagen viele Führungskräfte kleiner und mittlerer Unternehmen, „so einen Konzern kriegen wir doch gar nicht gestemmt!" Die schiere Größe schreckt sie ab. Das ist eine Fehleinschätzung. Größe ist kein Problem. Denn je größer ein Kunde, desto größer ist auch in der Regel die Vorlaufzeit. Wenn Sie mit Ihrer Fünf-Mann-Firma heute Aldi akquirieren und Aldi mit einem einzigen Auftrag zehnmal so viel ordert, wie Sie in einem guten Jahr absetzen, dann müssen Sie den Elefanten-Auftrag nicht morgen liefern! Auch nicht übermorgen!

Denn Elefanten haben immer auch elefantöse Vorlaufzeiten. Wenn Sie den Zuschlag eines Großunternehmens bekommen, muss das Großunternehmen zuerst seinen Katalog, seine Lagerhaltung, sein Bestellwesen und vieles mehr auf den neuen Artikel umstellen und das dauert bei Großunternehmen garantiert länger, als bei Ihrer vergleichsweise kleinen Lagerhaltung und Verwaltung.

✓ **TIPP** ───────────────────────────────────

Rechnen Sie mit dem Faktor Zeit. Je größer ein Großkunde, desto länger haben Sie in der Regel Zeit, den Auftrag vorzubereiten und sich die entsprechenden Kapazitäten zu verschaffen.

Natürlich haben Sie heute noch keine Kapazität für so einen Großauftrag. Aber nach Vertragsschluss haben Sie genügend Zeit, diese aufzubauen oder einzukaufen. Wenn Sie gut gerechnet und verhandelt haben, lohnt sich das enorm. Das große Auftragsvolumen und die lange Laufzeit decken praktisch Ihre Investitionskosten für die Kapazitätsausweitung bereits ab. Der Kunde ordert nicht nur in riesigem Umfang, er finanziert sozusagen auch noch Ihre Erweiterungsinvestition!

Wie stemmen Sie das?

Beim Key Account Management machen viele Firmen zwei Fehler. Den ersten haben wir bereits behandelt: Sie lassen sich von der schieren Größe so beeindrucken, dass sie gar nicht erst anbieten. Wie wir gesehen haben, ist Größe an sich jedoch kein Problem. Der zweite Fehler ist: Viele Unternehmen behandeln Großkunden wie Normalkunden.

Um an die Aufträge von Großkunden zu kommen, sollten Sie Großkunden wie Großkunden behandeln. Zum ersten müssen Sie wirklich erstklassig rechnen können. Großkunden rechnen einen schwindelig. Kein Wunder, sie haben ja ganze Kalkulations-, Controlling- und Planungsstäbe, die Tag und Nacht nichts anderes tun. Viele Unternehmen lassen sich bis unter die Schmerzgrenze herunterhandeln, weil sie

- von der Größe des Auftrags geblendet sind,
- gar nicht wissen, wo ihre Schmerzgrenze liegt, weil sie selbst nicht so sorgfältig gerechnet haben.

Ein kleiner Textilhersteller zeigte 1996 einem großen deutschen Versandhaus die kalte Schulter: „Tut mir leid, zu diesen Konditionen kriegen Sie nicht die Qualität, die Sie und ich wollen." Die Branchenkollegen tippten sich an die Stirn: „Allein mit diesem Auftrag hätte er sich sanieren können!" Ein Mitbewerber übernahm den Auftrag. Inzwischen hat der Textilhersteller einen Versender gefunden, der zwar nicht dieselbe Riesenmenge abnimmt, dafür aber in einem qualitativ höher angesiedelten Marktsegment arbeitet, den entsprechenden Preis zahlt und am Markt durchsetzt. Der Mitbewerber steckt inzwischen arg in der Klemme, weil sich immer stärker herausstellt, dass er unter Kosten verkauft. Wer rechnen kann, ist besser dran.

✓ **TIPP**

Großkunden wollen meist die besten Konditionen haben. Doch bei der Kalkulation haben Sie etwas Luft. Erstens kommt es nicht auf den Produkt-, sondern auf den Volumenprofit an. Zweitens fallen die ganzen Vertriebsnebenkosten weg, wenn der Großkunde quasi für Sie vertreibt. Dafür fallen Kosten für das Key Account Management an.

Das alles lässt sich quantifizieren. Das muss nur irgendwer irgendwann machen. Leider ist das Controlling in vielen Unternehmen noch immer rein rückwärtig ausgerichtet, sodass solche Kalkulationen nur schwer oder nur mangelhaft bewältigt werden – rüsten Sie also auf!

Die meisten Unternehmen können sich an Großkunden nicht reich verdienen, weil sie sich einen Fehler erlauben, der zwar bei ihren Stammkunden zähneknirschend durchgeht, bei Großkunden aber sofort zur Auslistung führt: Sie ignorieren Kundenerwartungen.

Wir sind es gewohnt, Kundenwünsche zu ignorieren. Wir wissen schließlich am besten, was gut für den Kunden ist. Diese Selbstüberschätzung ist manchem Geschäftsführer bereits so zu Kopf gestiegen, dass er nicht einmal mehr merkt, wenn er einen Kunden kaputtmacht.

Anders die Großkunden: Da leisten Sie sich einen solchen Fauxpas nur einmal. Besser gesagt zweimal: das erste und das letzte Mal. Der Großkunde ist weg (sofern Sie nicht der einzige Lieferant im Markt sind).

Was will der Großkunde (denn noch)?

Deshalb ist das A und O der Großkunden-Akquisition das Identifizieren und permanente Erfüllen von Kundenerwartungen. Was erwartet der Großkunde von Ihnen? Finden Sie es heraus. Dann prüfen Sie, ob Sie das leisten können. Und zu welchen Kosten. Und ob Sie dann den Auftrag noch rentabel darstellen können.

Jeder Großkunde hat andere Erwartungen. Doch einige tauchen in vergleichbarer Form bei allen auf, zum Beispiel die Liefererwartung. Stammkunden werden nach dem Mañana-Prinzip beliefert. Oder wie der Schwabe sagt: „Komme heut net, komme morga." Wenn der Großkunde dagegen „zehn Uhr" sagt und Ihr Lkw 10.15 Uhr an der Rampe eintrifft, traben Sie zum Rapport an. Und das auch nur einmal. Danach sind Sie raus. Entweder weil Sie ausgelistet werden oder weil die Konventionalstrafe Sie erledigt. Ja, Großkunden arbeiten gerne mit solchen Vorgaben und belassen es dabei auch nicht mit der bloßen Drohung auf dem Papier. Das heißt nun nicht nur, dass Sie Ihre Logistik neu eichen müssen. Denn geliefert werden kann nur, was produziert ist. Sie müssen zumindest für den Großkunden just-in-time produzieren. Schafft das die Wertschöpfungskette? Was ist dafür nötig?

Großkunden bringen Ihnen selbst dann bares Geld, wenn Sie sie nicht beliefern (können). Wie das? Über einen angenehmen Controlling-Nebeneffekt. Einige Unternehmen können keine Großkunden akquirieren, weil sie den gesteigerten (übersteigert sind sie selten) Anforderungen nicht gerecht werden können. Sagt ein Geschäftsführer: „Was soll ich machen? Wir haben eben nur eine achtzigprozentige zeitliche und inhaltliche Liefergenauigkeit. Damit kommen wir an bestimmte Großkunden einfach nicht ran." Das Problem dabei ist nur: Damit kommt er in fünf Jahren auch nicht mehr an Normalkunden ran. Der globale Wettbewerb wird etliche Mitbewerber an seine Gestade spülen, die eine höhere Liefertreue haben. So ein Großkunde kommt also als Benchmark für eine Prozessoptimierung wie gerufen.

Selbst wenn Sie den Großauftrag nicht erhalten, führt allein die Beschäftigung damit zu geldwerten Effekten in den Köpfen Ihrer Führungskräfte

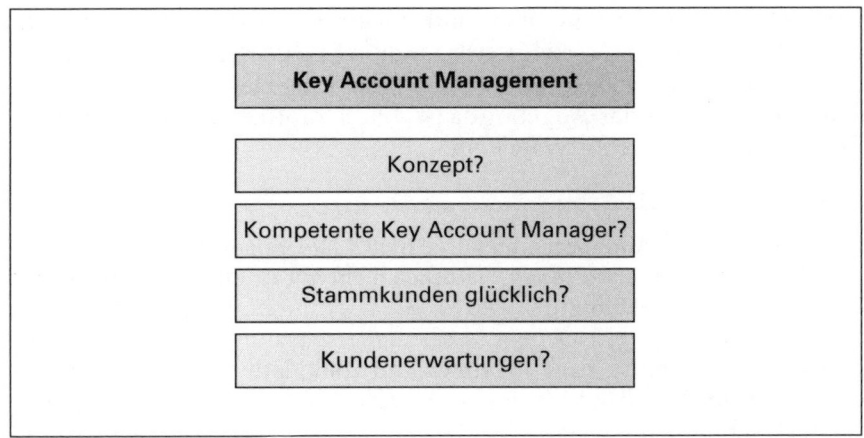

und Mitarbeiter: Warum sind unsere Prozesse großkundenfeindlich? Was können wir wie verbessern? Um in der Fußball-Metapher zu bleiben: Selbst wenn der Oberligist gegen den FC Bayern eine 2:5-Niederlage einsteckt, lehrt er seine Oberliga-Gegner danach das Fürchten, weil er was dazugelernt hat. Man lernt am besten und am schnellsten an starken Gegnern.

Eine mit der Liefertreue vergleichbare Großkundenerwartung ist die Qualität. Natürlich liefern Sie Qualität. Normalerweise. Doch Großkunden erwarten permanente, exzellente Qualität nicht nur im Normal-, sondern auch im Ausnahmefall. Schafft das Ihr Prozess? Die Qualitätssicherung? Zu welchen Mehrkosten? Sind diese abgedeckt? Eine weitere Erwartung ist die Null-Fehler-Toleranz. Großkunden verfolgen gnaden- und lückenlos das Einhalten der vereinbarten Eckdaten. Kurz gesagt: Gegenüber Großkunden müssen Sie halten, was Sie versprechen. Großkunden verlangen eine größere Qualitätstreue als Stammkunden. Das hat zum Beispiel im Kfz-Bereich dazu geführt, dass Lieferanten permanent und scharf auditiert werden. Dass man praktisch neben der eigenen Qualitätssicherung ständig eine fremde im Haus hat, die jedes noch so kleine Staubkörnchen findet. Wer den Großumsatz will, muss das ertragen können.

Eine weitere Erwartung, die Großkunden hegen, ist, dass Sie Angebote schreiben können. Klingt banal? Ist es in der Praxis nicht. Ein Einkäufer eines Konzerns sagt: „Es gibt viele Kleinfirmen, mit denen wir sehr gerne zusammenarbeiten würden. Sie sind innovativ, liefern ausgezeichnete Qualität und sind vor allem sehr flexibel, was uns sehr wichtig ist. Sie verhandeln auch alle sehr offen und konstruktiv. Doch dieser positive persönliche Eindruck verkehrt sich rasch ins Gegenteil, wenn mir dann das Angebot auf der Basis unseres Gesprächs ins Haus flattert." Erstens dauert es ewig, bis das Angebot da ist. Ein Symptom für die mangelnde Routine in der Angebotserstellung.

✓ **TIPP** ————————————————————————————————

Professionelle Angebotserstellung heißt: Sie reisen bereits mit dem Angebot im Pilotenkoffer an. Natürlich nicht mit einem, sondern mit den drei bis fünf denkbaren.

Das kostet Sie einige Tage kreativer und spekulativer Vorarbeit. Doch danach ist Ihr Angebot binnen ein, zwei Tagen nicht nur fertig, sondern oft auch schon beim potenziellen Großkunden. Dieser wird beeindruckt sein. Das ist es, was er unter Professionalität versteht.

Der zitierte Einkäufer berichtet weiter: „Auch inhaltlich sind die Angebote mangelhaft." Sie sind fachchinesisch, unverständlich, lückenhaft, weichen ohne nähere Erläuterung von der Gesprächsbasis ab oder stimmen nicht mit DIN-Vorschriften überein. Einige fallen sogar formal durch: „Sieht aus wie auf Vesperpapier." Kurz und weniger gut: Der Großkunde sieht daran, dass der Anbieter unprofessionell arbeitet. Das liegt daran, dass bei kleineren Firmen wirklich niemand so richtig für die Angebotserstellung zuständig ist und jeder Fachexperte seine Angebote selbst schreiben muss. Sie können sich denken, wie das aussieht, wenn ein Elektroingenieur genötigt ist, ein Angebot zu schreiben. Leider gibt es bei der Angebotserstellung wie beim Geschäftsbrief Konventionen, die man kennen und einhalten muss, will man sich nicht als Laie outen. Und wer sich beim Angebot als Laie outet, den hält man leicht auch bei der Leistung für einen solchen.

Die Werbe-Psychologen nennen das den Halo-Effekt (Halo ist im Englischen der Lichtschein um einen Gegenstand): Die Unprofessionalität strahlt aufs Image aus.

✓ **TIPP** ————————————————————————————————

Gehen Sie davon aus, dass Großkunden andere und schärfere Erwartungen haben als Normalkunden. Finden Sie möglichst genau heraus, welche das sind.

Wenn Sie die Erwartungen Ihres Großkunden kennen und erfüllen können, ist alles geritzt. Viele Geschäftsführer, Vertriebsleiter und Verkäufer sind sich jedoch der Erwartungen, die an einem Großauftrag hängen, nicht ganz klar. Und das führt immer zu Problemen und oft genug dazu, dass sie das Geld, das da auf der Straße liegt, nicht aufheben können.

Sie brauchen ein Konzept

Wie wir bereits gesehen haben, tritt ein Großkunde immer auch in Wettbewerb zu Ihren Stammkunden. Sowohl innerbetrieblich bei Lieferqualität und Liefertreue als auch am Markt. Wenn Ihre Sportschuhe plötzlich auf der Großfläche einer Discount-Kette erhältlich sind, wird sich Ihre Fachgeschäft-Stammkundschaft bedanken. Dieser Fehler passierte in den siebziger und achtziger Jahren selbst so renommierten Herstellern wie Parker (Schreibgeräte) und Nike (Sportartikel).

✓ **TIPP** ────────────────────────────────

Großkunden haben die Tendenz, den Preis auf dem Markt kaputt zu machen. Vermeiden Sie dieses, indem Sie Ihr Produkt deutlich differenzieren und die „zweite Marke" einführen.

Ironischerweise hat ein Gebäck-Hersteller keine Probleme, seine „Prinzenrolle" im Fachhandel teuer unters Volk zu bringen, während sie bei Aldi zu einem Bruchteil des Preises erhältlich ist: Das Konzept macht den Unterschied.

Und das Konzept lautet: Aus eins mach zwei. Bosch zum Beispiel produziert Elektrowerkzeuge. Überspitzt formuliert könnte man sagen, dass ein Handwerker auch nur mit Wasser kocht. Doch sein Wasser ist blau, das der Hobbywerkler ist grün. Die Fachhandels- und die Großflächen-Palette sind streng getrennt. Und nicht nur farblich. Doch diese Gedanken muss man sich vorher machen, bevor man an den Großkunden herantritt.

✓ **TIPP** ────────────────────────────────

Wenn Sie Großkunden wollen, brauchen Sie dafür ein Konzept. Und Sie brauchen es, bevor Sie den Auftrag akquirieren. Ein Großauftrag ohne Konzept ist ein Schnellschuss, der immer nach hinten losgeht.

Das Konzept umfasst nicht nur die Gestaltung der Produktpalette, sondern natürlich auch die gesamte Produktions- und Logistikplanung. Und dieses Konzept sollte bereits in der Schublade liegen, noch bevor der erste Verkäufer den ersten Großkunden angeht. Eine denkbar logische und einfache Anforderung, die in der Praxis jedoch selten erfüllt wird, wie wir gleich sehen werden.

Den Verkauf ins Konzept integrieren

Was passiert im Normalfall, wenn der Außendienst den großen Coup landet und einen Großkunden anschleppt? Applaudiert alles? Freut sich alles, weil jetzt auf Monate Brot auf dem Tisch ist? Im Gegenteil: Der Innendienst stöhnt: „Wie sollen wir denn diese große Kiste abwickeln?" Die Fertigung verweist darauf, dass sie bis zum Sankt-Nimmerleins-Tag ausgebucht ist. Und das Controlling moniert, dass für diesen Auftrag niemals eine offizielle Vorkalkulation erstellt wurde, der Auftrag mithin also null und nichtig sei. Darüber freuen sich Verkauf und Verkäufer natürlich mächtig. Und das nicht nur einmal.

So ein Frustschock hat pädagogische Wirkung: Der Verkäufer lernt daraus. Er lernt daraus, künftig die Finger von Großkunden zu lassen, weil das ja beim letzten Mal einen derartigen Ärger verursacht hat. Und Ärger hat der Verkäufer auch ohne Großkunden gerade genug. Das Problem ist, dass wieder mal gemacht wurde, bevor gedacht wurde. Dass der Verkauf irgendwann über einen Großkunden stolpert, kann man sich an den Fingern ausrechnen. Also muss ein Konzept in der Schublade liegen, bevor der Verkauf stolpert. Das klingt wie eine vernünftige Forderung, ist in der Praxis aber eher in Ausnahmefällen anzutreffen.

„Für Konzeptarbeit habe ich doch keine Zeit", sagt ein Vertriebsleiter. „Die Tagesarbeit lässt das nicht zu." Das stimmt zwar einerseits. Andererseits stimmt aber auch, dass dieser Kollege keinerlei strategische Ausrichtung besitzt. Er lebt so in den Tag hinein, von einem Auftrag zum anderen.

Der Key Account Manager

Es ist egal, ob Sie es sich leisten können, eigens für den Großkunden einen Key Account Manager einzustellen, der ausschließlich diesen Großkunden pflegt. Es gibt „normale" Verkäufer, die neben ihren normalen Kunden auch einen oder zwei Großkunden betreuen. Manchmal führt auch der Innendienst den Kunden. Und oft haben Key Account Manager mehrere Key Accounts. Wie gesagt, das ist alles egal und hängt von Ihrer Kalkulation, von der Personallage und Ihren Zielen ab. Eines ist jedoch absolut erfolgsentscheidend:

✓ **TIPP**

Der Großkunde muss einen einzigen, immer gleichen Ansprechpartner haben, der buchstäblich Tag und Nacht erreichbar, umfassend entscheidungskompetent und handlungsfähig sein muss.

Das erwarten Großkunden einfach. Nebenbemerkung: Das erwarten auch Normalkunden – doch wenn sie das nicht bekommen, ist es nicht so dramatisch. Hört sich die Forderung nach einem Key Account Manager allzu selbstverständlich für Sie an? Dann blicken Sie mal in die Praxis. Wir haben einige Äußerungen von Großkunden gesammelt, die allesamt unzufrieden mit dem Key Account Management ihres Lieferanten sind:

☑ NEGATIV-CHECKLISTE – Key-Account-Versagen

❏ „Die spielen Pontius Pilatus mit mir. Ich komme mir vor wie der Buchbinder Wanninger. Ich habe keinen festen Ansprechpartner."

❏ „Für uns ist die Situation sehr unbefriedigend. Wenn wir einen Änderungswunsch haben, muss unser Ansprechpartner beim Lieferanten erst die Hierarchie hoch und runter laufen und um Erlaubnis betteln. Das dauert und ich habe ständig das Gefühl, mit dem falschen Mann zu reden."

❏ „Der Mann mag vielleicht im Massenmarkt gut verkaufen, aber er hat keine Ahnung, wie man einen Key Account betreut."

❏ „Ich will nichts mit den Fachabteilungen zu tun haben. Der Key Account Manager muss quasi Projektleiter sein – sonst nützt er mir nichts."

❏ „Wenn wir den Key Accounter brauchen, ist er nirgends. Überhaupt, warum muss ich ihn ständig anrufen? Warum kann der sich nicht mal bei uns melden und fragen, was er für uns tun kann?"

❏ „Der soll sich seine Beziehungspflege-Bemühungen sparen. Auf den Golfplatz komme ich auch ohne ihn. Aber der Mann hat doch keine Ahnung vom Fachlichen! Der ist bloß ein gewöhnlicher Verkäufer."

✓ **TIPP**

Ein guter Key Account Manager bringt folgende Schlüsselkompetenzen mit:

❏ Exzellente Beziehungskompetenz: Er weiß, was beim Kunden los ist, noch bevor der Kunde das selbst weiß.

❏ Herausragendes Interventions-Timing: Er arbeitet vorbeugend und liest dem Kunden die Wünsche von den Augen ab.

❏ Herausragende Fachkompetenz: Die hat ein Verkäufer auch.

❏ Herausragende Prozesskompetenz: Der Key Accounter weiß darüber hinaus auch alles über die Anwendung seines Produkts beim Kunden.

❏ Sichere Entscheidungskompetenz: Er entscheidet schnell und zuverlässig im Sinne des Kunden und im Sinne seines eigenen Unternehmens.

Ein guter Key Accounter ist Projektleiter, Ingenieur, Verkäufer, Coach des Kunden und Intrapreneur in einer Person. Solche Leute kriegt man nicht? Wieso „kriegen"? Wieso denn in den fernen Arbeitsmarkt schweifen, wenn der Gute liegt so nah? In jedem Unternehmen gibt es Mitarbeiter, die über eine hervorragende Anwendungskompetenz verfügen, allein weil sie sich Gedanken über die Praxis ihrer Kunden machen. Mitarbeiter, die sehr beziehungsorientiert handeln. Mitarbeiter, die eigenständig denken können. Das Problem ist nur: Meist sieht man sie von oben kaum. Für einen Vorgesetzten gibt es keinen Ersatz für eine geschärfte Wahrnehmung seiner Personalressourcen. In jeder noch so kleinen Arbeitsgruppe schläft ein Super Key Accounter den Dornröschenschlaf. Entdecken Sie ihn und wecken Sie ihn auf. Was er nicht mitbringt, kann ihm eine gute Personalentwicklung angedeihen lassen.

Das Nachfolge-Problem

Ziel jedes guten Geschäftsführers, Vertriebsleiters und Verkäufers ist es, immer mal wieder einen Großkunden zu akquirieren. Das bringt Umsatz und persönlichen Erfolg. Schließlich ist man dann im Unternehmen „der Mann, der die XY AG an Land gezogen hat." Das hat doch was.

Leider hat das Großkundengeld, das auf der Straße liegt, eine kleine Nebenwirkung. Es kommt zu einer verzögerten Nachwirkung, wenn der Großauftrag einmaliger Natur ist. Besonders im Handel sind einmalige Großaktionen gebräuchlich. Ein Handelsriese macht Fitnesswochen und bietet deshalb eine Extra-Palette Sportartikel an. Ein kleiner Sportartikler könnte dabei einen Zwei-Jahres-Absatz an Niedrigpreis-Fußbällen realisieren. Das Problem für die Vertriebschefin ist nur: „Was mach ich danach? Wir könnten jetzt mit etwas Kraftanstrengung durchaus die Kapazitäten stark erhöhen. Doch was machen wir danach mit den überstehenden Kapazitäten?"

Ihr Geschäftsführer sagt: „Das hat auch sein Gutes. Unser Außendienst weiß dann zumindest, dass in sechs Monaten ein vergleichbarer Nachfolgeauftrag hier sein muss und akquiriert mit dem nötigen Druck." Der Fertigungsleiter meint dagegen: „Da lassen wir lieber die Finger davon. Dieser Auftrag könnte sich als Trojanisches Pferd entpuppen. Die Erschütterungen und Konsequenzen auf die Produktions- und Materialflussplanung sind nicht abzusehen." Welche Lösung ist die richtige?

Keine der beiden. Der Sportartikler kann den Auftrag annehmen – und davor gründlich überlegen, woher er die Nachfolgeaufträge bekommt oder wie er die Kapazitäten wieder abbaut. Oder er kann ablehnen – und davor überlegen, welche Konsequenzen das auf seine langfristige Zusammenarbeit mit der Handelskette, seine mittelfristige Expansion und seine langfristige Unternehmensentwicklung hat. Egal, was er tatsächlich macht: Es ist egal, was er tatsächlich macht. Hauptsache, er überlegt sich das bis in die letzten Konsequenzen *vorher*.

✓ **TIPP**

In demselben Moment, in dem Sie den Großauftrag planen, müssen Sie bereits die „Was-danach?"-Frage planen.

Sie können sich dabei auch verschiedene Optionen offenhalten. Je nach Umfeldentwicklung. Das ist immer noch besser, als nach Ende des Auftrags wie der Ochs vor dem Berg zu stehen und sich zu fragen: Und jetzt? Entlassen wir Leute? Passiert leider immer noch oft.

Der Sportartikler übrigens entschied sich für den Auftrag. Eine sehr mutige und expansive Entscheidung. Der Mittelstand ist eben ehrgeizig. Und clever. Die Vertriebschefin sprach mit dem Chefeinkäufer der Handelskette und legte ihre Karten offen auf den Tisch: „Leute, wenn das eine Eintagsfliege ist, haben wir danach riesige Überkapazitäten. Wir können zwar durch Zeitverträge abpuffern, doch wir brauchen auch einige neue Maschinen. Wenn die Aktion gut läuft, warum machen wir das nicht regelmäßig?" Und sie breitete gleich die Möglichkeiten aus: jährliche Wiederholung des Events als „Frühjahrs-Fitnesswoche", Veranstaltung eines bundesweiten Street-Soccer-Jugendfestivals, spezielle Angebote für Vereine ... Heute hat man eine Lösung gefunden, die Teile all dieser Vorschläge enthält – und alle sind zufrieden.

Daran erkennen wir sehr schön den Sprungbrett-Effekt von Großaufträgen: Wenn Sie es schaffen, nach dem Großauftrag den Anschluss zu bekommen, haben Sie mit dem Großauftrag eine ganz andere Größenordnung erreicht. Denn erstens ist ein Großkunde prinzipiell für viele Großaufträge gut. Und zweitens qualifiziert Sie ein guter Job bei einem Großkunden für viele andere Großkunden. Da Großeinkäufer häufig Probleme mit kleinen Firmen und Mittelständlern haben, öffnet Ihnen ein Referenzauftrag bei einem Großunternehmen die Tür bei vielen anderen. Entweder per Branchenfunk oder per Empfehlungsmarketing. Für viele Kleinunternehmen war der erste Key Account das Sprungbrett in die Bundesliga. Also, ran an die großen Tiere!

☑ CHECKLISTE – Ran an die Großaufträge

❏ Fehlen in Ihrem Portfolio noch einige Großkunden?

❏ Haben Sie Ihre Kunden überhaupt schon mal im Portfolio dargestellt?

❏ Gibt es zu diesem Ist-Portfolio das passende Soll-Portfolio?

❏ Erfüllen Sie die Anforderungen potenzieller Großkunden, was Liefer- und Qualitätstreue anlangt?

❏ Können Ihre Vorkalkulation und die Angebotserstellung Großkunden bewältigen?

❏ Selbst wenn die Antworten darauf Nein lauten: Was können Sie daraus über die Effektivität Ihres Wertschöpfungsprozesses lernen, um für Ihre Normalkunden einen Wettbewerbsvorteil zu erlangen?

❏ Stricken Sie hektisch Ad-hoc-Lösungen, wenn ein Verkäufer einen Großkunden anschleppt oder gibt es ein Key-Account-Konzept?

❏ Sind alle Glieder der Wertschöpfungskette in dieses Konzept einbezogen und kennen sie ihre Rolle?

❏ Sind Ihre Key Account Manager superkompetent?

❏ Haben Sie schon darüber nachgedacht, was Sie nach Ende des Großauftrags machen?

11 Synergien schaffen

Täglich erfindet einer das Rad neu

Sie haben in den zurückliegenden zehn Kapiteln zehn Umsatzquellen kennen gelernt. Zehn Potenziale, die Ihnen unter Garantie mehr, manchmal sehr viel mehr Umsatz bringen werden oder es bereits tun. Der Mehrumsatz ist nicht das Erstaunliche an diesen Potenzialen. Denn, seien wir ehrlich: Keines der Potenziale war Ihnen neu, oder? Keines davon ist Ihrem Verkaufsleiter und Ihren Verkäufern neu. Es gibt unter Ihren Verkäufern sogar welche, die einige dieser Umsatzquellen bereits entdeckt haben und dort kräftig Gold schürfen. Und das ist das eigentlich Erstaunliche an diesen Potenzialen: Warum schürfen dort nicht alle Ihrer Verkäufer?

✓ **TIPP** ───────────────────────────────

Haben Sie eine ungefähre Ahnung, wie viel Umsatz Ihnen verloren geht, weil nur einige Ihrer Verkäufer permanent akquirieren, Empfehlungen einsetzen, stressresistent sind – und nicht alle? Warum nutzen nicht alle Verkäufer alle Potenziale?

In jedem Verkaufsteam gibt es Mitarbeiter, die Meister des Empfehlungsmarketings sind, andere mit einer permanenten Akquise, wieder andere, die grenzstabil bis in den hochroten Drehzahlbereich sind, und noch einmal andere, die sich an große Tiere herantrauen. Und was nützt Ihnen das? Nichts, was über den glücklichen Einzelfall hinausginge. Denn die anderen Verkäufer stehen herum und fragen sich: Wie macht er das bloß? Sie haben nichts davon, dass ihr Kollege so genial ist. Mit anderen Worten: Es besteht keine Synergie zwischen den Verkäufern. Keiner lernt vom anderen das, was dieser am besten kann. Dieser

Mangel an Synergie vernichtet Umsatz. Er tritt hauptsächlich in drei Formen auf:

- *Regionale Dissynergie:* Die Verkäufer Nord machen exakt dieselben Fehler wie die Verkäufer Süd – weil keiner aus den Fehlern des anderen lernen kann.

- *Zeitliche Dissynergie:* Jeder neue Verkäufer macht sämtliche Fehler aller alten Verkäufer vor ihm – weil er aus ihren alten Fehlern nicht lernen kann. Täglich wird das Rad neu erfunden, und zwar in Massenproduktion.

- *Qualitative Dissynergie:* Durchschnittsverkäufer lernen nicht von Spitzenverkäufern.

Was ist gutes Briefing?

Wie viel mehr Umsatz könnten Sie machen, wenn neue Verkäufer nicht viele der Fehler ihrer erfahrenen Kollegen während der Einarbeitung nachmachen würden? Wie viel mehr Umsatz würden Sie einfahren, wenn die Verkäufer aller Gebiete bereits am Dienstag von einem besonders cleveren Dreh bei der Argumentation in einem bestimmten Marktsegment erführen, den der Superverkäufer eines bestimmten Gebietes am Montag herausgefunden und erfolgreich angewandt hat? Wie viel mehr Umsatz würden Sie machen, wenn sämtliche Verkäufer so gut verkaufen würden wie Ihre Spitzenverkäufer? Das sind Synergie-Fragen.

Synergie schafft Umsatz. Doch Synergie setzt Wissenstransfer voraus. Und dieser ist in den meisten Unternehmen nicht gewährleistet. Der Neue lernt nicht von den Alten, der Durchschnittliche nicht von der Spitze, Nord nicht von Süd. Und warum nicht? Weil zum einen die Dokumentation nicht stimmt. Es ist viel zu wenig dokumentiert, um aus den Erfahrungen der Vergangenheit oder der Kollginnen und Kollegen zu lernen. In vielen Außendienst-Organisationen gibt es noch nicht einmal eine Dokumentation der grundlegendsten Verkaufsdaten wie Produkteigenschaften, Nutzenargumente, Einwandbehandlungs-Argumentationen, Alleinstellungsmerkmale ... Alles muss sich jeder einzelne Verkäufer selbst zusammenstricken.

Oder noch schlimmer: Die Verkäufer werden unter einer Fülle von Pseudoinformationen begraben. Selbsternannte Literaten in Verkaufsleitung, Marketing, Technik und Forschung schütten die Verkäufer so mit nutzlosen Daten zu, dass die nötigen Informationen genauso wenig wahrgenommen werden, als wenn sie gar nicht dokumentiert wären.

✓ **TIPP** ───

Je zielgerichteter Ihre Verkäufer informiert sind, desto besser verkaufen sie.

Viele Verkaufsleiter behaupten: „Aber meine Verkäufer sind gut informiert!" Das sagen die Verkaufsleiter. Was sagen die Verkäufer? Hier herrscht ein grundlegender Kommunikations-Irrtum. Information ist nicht das, was der Sender darunter versteht. Information ist das, was der Empfänger darunter versteht. Verkäufer interessieren sich nur für eines: Wie mache ich mehr Umsatz? Und was macht die Verkaufsleitung (aus ihrer Sicht)? Sie schüttet sie mit Informationen zu, „von denen ich nicht weiß, was die mit meinen Kunden zu tun haben", so ein Pharma-Referent.

✓ **TIPP** ───

Geben Sie Verkäufern nur, ausschließlich und exklusiv jene Informationen, die die Verkäufer selbst als verkaufsförderlich einstufen. Alles andere ist Desinformation.

Mit diesem Synergie-Erfolgskriterium des Wissenstransfers haben jene Führungskräfte Probleme, die „selbst am besten wissen, was meine Leuten brauchen". Das ist das Gegenteil von (interner) Kundenorientierung. Der Wurm muss dem Fisch schmecken, nicht dem Vertriebsleiter. Was der Verkäufer an Daten braucht, entscheidet der Verkäufer. Er entscheidet es ohnehin – indem er (aus seiner Sicht) Unbrauchbares ignoriert. Es fragt sich lediglich, ob Sie diese Wahl zu Ihren Gunsten nutzen. Das ist das Geheimnis eines erfolgreichen Verkäufer-Briefings. Ihnen exakt jene Information zu geben, die sie brauchen, um einen besseren Job zu machen und sich die ganze restliche Propaganda zu verkneifen, auch wenn Sie sie selbst für weltbewegend halten. Erfahrene Führungskräfte denken im Kopf ihrer internen Kunden.

Diese interne Kundenorientierung erstreckt sich nicht nur auf den Inhalt des Verkäufer-Briefings, sondern auch auf dessen Stil. Der übliche Stil der amtlichen Verlautbarungen aus dem Führungsbunker wird von Verkäufern als tröge, langweilig und wenig animierend empfunden.

Neben Inhalt und Stil ist Umfang ein entscheidendes Briefing-Kriterium. Verkäufer lesen eher die „Bild"-Zeitung als Tolstojs „Krieg und Frieden".

Klar, dass es viel schwieriger ist, etwas in zwei als in zwanzig Sätzen zu sagen. Wer jedoch seine Verkäufer mit langatmigen Verlautbarungen langweilt, sollte sich dringend etwas überlegen.

Der mündliche Transfer

Wir alle wissen: Verkäufer sind notorisch unzufrieden mit den Unterlagen, die sie erhalten: „Vergiss die letzte Hausmitteilung und wirf den Prospekt weg", sagt ein Kollege zum anderen. „Mach das so und so, das klappt bei meinen Kunden besser." Gerade weil das schriftliche Briefing der Verkäufer in den meisten Unternehmen heftige Dissynergien erzeugt, haben die Verkäufer aller Branchen schon lange ein konkurrierendes Instrument des Wissenstransfers geschaffen: den mündlichen Erfahrungsaustausch.

Worüber reden Ihre Verkäufer am Abend nach den Verkäufer-Meetings am Biertisch? Autos, Frauen, Hobbys – lassen Sie sich nicht mit dieser Laienmeinung ertappen. Wer mal reinhört, ist überrascht. Zu achtzig Prozent reden die Verkäufer auch in ihrer Freizeit über den Beruf; den Rest über Gesundheit, Familie, Weltgeschehen, Sport ... Und was macht die Verkaufsleitung aus dieser Erkenntnis? Anstatt sie für sich und ihre Umsatzzicle zu nutzen, knallt sie den Zeitplan der Meetings so voll, dass ausgerechnet für den synergiereichsten Teil, den informellen Erfahrungsaustausch, immer weniger Zeit bleibt. So wird Umsatz vernichtet. Zugegeben, manchmal mit voller Absicht. Etliche Führungskräfte sind sauer, dass die Verkäufer unter sich so viel mehr umsatzträchtige Informationen austauschen, als die Hierarchie liefern kann. Wissen ist Macht.

Und schwache Führungskräfte starten deshalb einen Machtkampf, um den „normalen" Verkäufern den Machtvorteil streitig zu machen. Wenn Sie weniger an Machtspielchen und mehr an Ihren Umsatzzielen interessiert sind:

✓ **TIPP**

> Geben Sie Ihren Verkäufern immer und immer öfter genug Zeit und Gelegenheit, sich auszutauschen. Lassen Sie den Austausch zu, ermöglichen und fördern Sie ihn in Worten und Taten.

Fordern, fördern und belohnen Sie den Erfahrungsaustausch. Denn Erfahrungswissen ist das umsatzträchtigste Wissen überhaupt. Nutzen Sie es. Sie haben dagegen etwas einzuwenden? Aha, Sie haben ausgezeichnete Führungserfahrung. Ja, richtig, Erfahrungsaustausch ist gut, doch leider rutscht er ganz schnell und leicht in einen Jammer-Zirkel ab.

✓ **TIPP**

> Wenn Sie aus Ihrer eigenen Erfahrung wissen, dass sich Ihre Verkäufer beim Erfahrungsaustausch gegenseitig ausheulen und runterreden, formalisieren Sie den Austausch durch Moderation.

Okay, auch dieser Einwand ist registriert: Die wenigsten Führungskräfte im Vertrieb verfügen über ausreichend Moderationskompetenz für einen erfolgreichen Erfahrungsaustausch.

Deshalb lassen viele Unternehmen für besondere Verkaufsmeetings externe Moderatoren kommen. Unternehmen mit einer reifen Personalentwicklung haben dafür eigene interne Moderatoren. Und immer mehr Verkaufsleiter lassen sich auch zu Verkaufstrainern ausbilden. Erstens kann man mit der Trainerkompetenz seine Leute selbst trainieren. Zweitens ist dabei die Moderationskompetenz schon enthalten. Und drittens hat man damit ein zweites Standbein mit Perspektive auf die Selbständigkeit. Man kann ja nie wissen ...

Weil das Erfahrungswissen der Verkäufer meist jede Information aus der Verwaltung um Längen schlägt, haben einige Verkaufsleitungen diesen mündlichen Austausch in Schriftform gepackt. Denn nicht ständig kann man die Verkäufer von Angesicht zu Angesicht zusammenbringen. Diese Funktion übernimmt ein Verkaufs-Newsletter, in dem die neuesten Tipps und Tricks von Kollegen für Kollegen nachzulesen sind.

Ein Newsletter kann den direkten persönlichen Austausch intensivieren und in den Zeiten, in denen man sich nicht sieht, ersetzen.

Vorausgesetzt, es stehen umsatzträchtige Tipps und nicht bloß heiße Luft drin. Einige Unternehmen gehen sogar noch einen Schritt weiter. Sie prämieren nicht nur die Erreichung von Umsatzzielen, sondern auch besonders kreative Verkaufsideen. Gemacht und nachgemacht wird, was belohnt wird.

Wenn Sie möchten, dass Ihre Verkäufer voneinander lernen, belohnen Sie besonders gute Verkaufsideen.

In vielen Unternehmen haben Verkäufer unter sich informelle Verkäufer-Stammtische gebildet, manchmal über regionale Grenzen hinweg. Sie treffen sich regelmäßig, sie tauschen sich aus, sie telefonieren und e-mailen miteinander. Networking nennt man das heute. An der Haltung der Führung zu diesen Zirkeln erkennen Sie die Umsatzreife eines Unternehmens.

In vielen Unternehmen betrachtet die Führung diese Zirkel argwöhnisch: „Die kochen ihr eigenes Süppchen!" Übersetzung: „Dieses Synergie-Potenzial möchten wir nicht in Umsatz umwandeln. Bitte ziehen Sie den entgangenen Umsatz von meinem Gehalt ab."

Der Verkaufsleiter eines Elektro-Unternehmens ist reifer. Als er ein Jahr nach Amtsantritt zufällig von informellen Zirkeln erfährt, beginnt er eine Tournee. Nicht wie ein Verkaufsleiter. Er setzt sich nicht rein, weiß alles besser und erstickt damit den Erfahrungsaustausch. Er hört in der jeweiligen Kneipe der Runde nur aktiv zu (einer der wenigen, die das

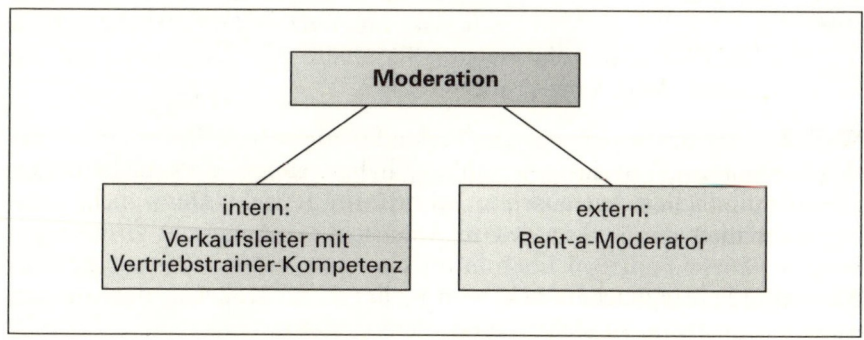

tatsächlich praktizieren), zeigt sich begeistert über jede neue Idee, beantwortet freundlich, aber bestimmt alle Fragen an ihn und hält am Ende eine fünfminütige Dankesrede: „Toll, Leute, was ihr da aufgezogen habt. Tolle Ideen. Weiter so. Übrigens, die Rechnung geht auf mich." Nach jedem Besuch eines Zirkels versendet er eine Verkaufsmitteilung mit den besten Tipps des Zirkels und den Telefonnummern der Tippgeber (Wichtig: Er verkauft die Ideen nicht als die eigenen).

Die unmittelbaren Auswirkungen sind deutlich. In allen Gebieten zieht der Absatz an. Die Auswirkungen auf die Motivation der Mitarbeiter ist noch viel deutlicher zu spüren. Und inzwischen fördern auch die Regionalleiter die Zirkel. Wenn der Chef es vormacht ...

Fehlerkultur versus Wissenstransfer

Der folgende Abschnitt ist für Fortgeschrittene. Wenn Sie einen relativ guten Wissenstransfer etabliert haben, werden Sie bestimmt schon ein Phänomen beobachtet haben: Obwohl sämtliche Verkäufer über sämtliche nötigen Informationen verfügen, von den Listen mit den Produkteigenschaften bis zu den Charts mit zielgruppen- und/oder kaufmotiv-orientierten Nutzenargumenten, gibt es trotzdem viele Verkäufer, bei denen Sie sich fragen: Können die lesen? Denn offensichtlich verhalten sie sich nicht so, wie sie es nach Lektüre der Unterlagen tun müssten bzw. sollten.

Des Rätsels Lösung ist die Fehlerkultur. Beobachten Sie mal auf internationalen Meetings Ihnen bekannte Manager. Da gibt es immer wieder welche, von denen Sie genau wissen, dass sie kein Wort Englisch verstehen, die trotzdem nicht den Kopfhörer mit der Simultanübersetzung aufziehen – weil sie sich ihrer Unkenntnis schämen! Ähnlich geht es vielen Verkäufern. Sie haben vieles von der Technik, der Einwandbehandlung oder der Nutzenargumentation nicht verstanden. Aber sie trauen sich nicht, das zuzugeben. Stattdessen verkaufen sie draußen nicht.

✓ **TIPP** ─────────────────────────────────

Sie brauchen konzentrierte und lebhaft geschriebene Unterlagen und einen funktionierenden Erfahrungsaustausch. Aber Sie brauchen für maximale Synergie auch eine tolerante Fehlerkultur.

Wer keine Fehler machen darf, lernt nichts dazu. Wer Angst davor hat, eine dumme Frage zu stellen, fragt nicht und lernt nicht.

Wer verrät schon gern Geheimnisse?

Es wird immer wieder gerne eingewandt, dass der Erfahrungsaustausch unter Verkäufern nicht funktioniere, weil kein Spitzenverkäufer seine Erfolgsgeheimnisse mit anderen teilen möchte. Das sind Ammenmärchen von Führungskräften, die zu wenig Führungskompetenz haben, um so einen Erfahrungsaustausch zu dulden und zu fördern. Als ob ein Jäger sein Jägerlatein nicht mit anderen teilen möchte! Da macht es doch erst richtig Spaß.

Verkäufer tauschen sehr gerne Tipps und Tricks aus, wenn Sie ihnen dazu die (moderierte) Gelegenheit geben. Bei Xerox ging das früher sogar so weit, dass sich die Verkäufer gegenseitig supervisierten: „Komm, lass mich mal bei dir mitgehen. Ich brauche ein paar neue Ideen." Da sagte kein Kollege Nein. Logisch, der Besucher kann abkupfern, doch das steht demjenigen, von dem abgekupfert wurde, gut zu Gesicht. Schließlich kupfert niemand von Nieten ab. Außerdem ist der „Abgekupferte" natürlich immer doppelt motiviert beim Kundenbesuch, weil er seinem Kollegen demonstrieren muss, wo Bartel den Most holt.

Verkäufer tauschen sich in der Regel sehr gerne aus. Das Problem ist nur, dass diese Bereitschaft von der Führung (mangels kommunikativer Kompetenz) in der Regel ignoriert wird. Dieses Austausch-Potenzial wird nicht richtig abgegriffen, nicht angeheizt, nicht auf die Tagesordnung gesetzt. Stattdessen veranstaltet man auf Verkäufer-Meetings Folienschlachten und kippt die Verkäufer mit nutzlosen Informationen zu, nur weil der Verkaufsleiter zu moderationsunerfahren oder zu eifersüchtig auf das Praxis-Know-how seiner Verkäufer ist oder schlicht keine Ahnung davon hat, dass Erfahrungswissen immer besser ist als graue Theorie.

✓ **TIPP** ───────────────────────────────

Wann immer Sie Ihren Verkäufern etwas zu sagen haben, messen Sie es gegen das, was die Verkäufer selbst dazu aus ihrem reichen Erfahrungsschatz sagen könnten. Dann entscheiden Sie: Wollen Sie sich produzieren oder lieber den Erfahrungsaustausch anregen? Wie wollen Sie Ihren Input mit der Verkäufer-Erfahrung kombinieren?

Mit einem guten schriftlichen Briefing und mit einem gut gepflegten und moderierten Erfahrungsaustausch stellen Sie räumliche und qualitative Synergie her. Dann haben Sie immer noch das Problem der zeitlichen Dissynergie.

Neue, die das Rad neu erfinden

Dass neue Verkäufer Fehler machen, ist unvermeidlich. Dass sie dieselben Fehler wie ihre Vorgänger machen, ist vermeidbar – und Zeichen schlechter Synergie. Was läuft schief? Die Einarbeitung. Es werden die falschen Methoden eingesetzt.

Drei bis sechs Monate dauert es, bis ein neuer Verkäufer – der vorher schon verkaufte – eingearbeitet ist, das heißt: den Durchschnittsumsatz seiner Kollegen bringt. Zu lange, wenn es nach der Verkaufsleitung geht: „Die Leute sollen sich nicht einarbeiten, die sollen verkaufen!", scherzte ein Vertriebsleiter unlängst.

Deshalb verwendet er *die Frontal-gegen-die-Wand-Methode*. Der Neue geht sofort auf die Piste. Da sitzt er zwar nicht nutzlos im Schulungsraum herum, sondern bringt vom ersten Tag an Umsatz. Aber wie viel Umsatz? Da der Neue monatelang dieselben Fehler macht wie seine Kollegen vor ihm, vergeudet er unnötig Aufträge und Zeit. „Der lernt das auch noch!" Sicher, aber zu welchen Kosten? Können Sie sich das leisten? Die Frontal-Methode hat minimale Synergie und maximale Opportunitätskosten des entgangenen Umsatzes. Unwissen kostet Umsatz.

Die Mentormethode versucht, dieses Unwissen zu eliminieren, indem sie darauf spekuliert, dass die gesammelte Erfahrung eines Alten Hasen – meist des Verkaufsleiters selbst – auf den Neuen übergeht. Diese Spekulation geht selten auf. Viele Mentoren erliegen dem Vorturner-Zwang, wollen sich vor dem „Greenhorn" beweisen und führen deshalb handzahme Kunden vor, an denen keiner etwas lernen kann. Mancher Alte Hase überträgt keine Erfahrung auf den Neuen, dafür aber die Jammerkiste: „Lass dich hier bloß nicht verheizen! Und jetzt erzähl ich dir mal, wo es überall nicht stimmt bei uns ..."

Die Handbuchmethode. Nicht der Alte Hase, sondern das Handbuch gibt das gesammelte Know-how an den Neuen weiter. Theoretisch. Denn die meisten Handbücher geben nicht wirklich Wissen weiter, weil sie so umfangreich, komplex, kompliziert und schwer verständlich geschrieben sind, dass sie unweigerlich als Briefbeschwerer enden. Wenige Handbücher sind so kurz und präzise, leicht verständlich und käufernutzen-, statt produktorientiert geschrieben, dass sie auch von Verkäufern gelesen werden. Diese Handbücher werden von externen oder von internen Profis geschrieben. Profis im Schreiben, nicht im Verkaufen.

Was diese Methoden der Einführung verbindet: Sie sind sehr beliebt und sehr selten von Erfolg gekrönt. Denn sie werden falsch eingesetzt, nämlich isoliert.

✓ **TIPP** ──

Einführungsmethoden entfalten nur in Kombination ihre vollen Vorteile und eliminieren ihre jeweiligen Nachteile gegenseitig.

Ein guter Verkaufsleiter prüft individuell und regelmäßig, welches und wie viel Training der Neue braucht, welchen Mentor, ab wann er reif ist, mit weniger oder ganz ohne Betreuung auszukommen und höhere Ziele anzupacken, ohne dass er sich überfordert fühlt.

Ein erfahrener Verkaufsleiter hat zwar ein methodisch gesichertes Einarbeitungskonzept parat, aber er stimmt es flexibel und individuell auf die Erfahrungen und Fähigkeiten seines neuen Mitarbeiters ab.

✓ **TIPP** ──

Moderne Einarbeitungsprogramme finden heutzutage im Intervall statt.

Der ständige Abgleich von Erlerntem und Erlebten zwischen zwei Theoriebausteinen sichert einen größeren Transfer des Einarbeitungsprogramms in die Praxis. Begleitet wird das Programm durch den Jour fixe mit Mentor und Verkaufsleiter. Immer mit der Strategie im Hinterkopf, zunächst intensiv zu begleiten und dann mehr und mehr loszulassen.

Gute Einführungsprogramme stellen sicher, dass der Neue bei der fachlichen Schulung nicht von Spezialisten überfahren wird. Die Verkaufsleitung prüft regelmäßig die Schulungsinhalte der Spezialisten, damit diese die Verkäufer nicht mit einer interessanten, aber verkaufsungeeigneten Detaillawine frustrieren.

✓ **TIPP** ──

Als besonders effektiv und effizient hat sich für den Wissenstransfer bei der Einführung das Formblatt erwiesen.

Zu jedem Produkt oder jeder Dienstleistung fasst es in kurzer und prägnanter Form die Eigenschaften, Nutzen, Einwände, Argumentationen, Mitbewerber und Alleinstellungsmerkmale zusammen. Denn Verkäufer brauchen schnelle Information in verständlicher Form. Wir haben dabei auch gute Erfahrungen mit Audio-Kassetten gemacht, die die

Verkäufer während der ansonsten unproduktiven Fahrzeiten immer wieder anhören.

————————————————————————————————

Haben Sie die Einführung der Neuen schon mal mit Audio-Unterstützung versucht?

Lernen von den Besten

Wir zeichnen unsere Spitzenverkäufer aus. Aber was hat der Normal-verkäufer davon? Nur den Neid. Warum lernen Normal- nicht von Spitzenverkäufern? Der Neid hält sie davon ab sowie mangelnde Transparenz: es gibt keinen Know-how-Transfer, keine Synergie zwischen bester und normaler Praxis.

✓ TIPP ————————————————————————————————

Machen Sie aus Ihrem Unternehmen, Ihrer Abteilung ein Lernendes Unternehmen, eine Lernende Abteilung. Lassen Sie von den Besten lernen.

Doch Vorsicht! Fördern Sie nicht den Neid. Niemand lernt (gerne) von Mister Verkäufer des Monats. Entdecken Sie den Spitzenverkäufer in jedem Ihrer Verkäufer (das gilt übrigens auch außerhalb des Verkaufs für alle Mitarbeiter). Jeder Verkäufer hat etwas, was er super macht: Empfehlungen holen, Stresssituationen meistern, Kunden binden, neue Zielgruppen entdecken ... Sie kennen die zehn Potenziale inzwischen, nach deren Erschließungsfertigkeit Sie bei Verkäufern suchen müssen.

✓ TIPP ————————————————————————————————

Entdecken Sie die Stärke(n) jedes Verkäufers (Mitarbeiters) und stellen Sie sein Spezialwissen so lebhaft und didaktisch aufbereitet den anderen zur Verfügung, dass alle es bald so gut machen wie der Spezialist.

In der Sprache des Neurolinguistischen Programmierens heißt dieses Verfahren Modelling – von den Besten lernen. Dieses Verfahren führt nicht nur zu maximaler Synergie – alle beginnen nach und nach, so gut zu arbeiten wie die Spitzenleute. Es führt auch zu einem unglaublich kohärenten und starken Wir-Gefühl und einer kaum zu bremsenden Einzel- und Gruppenmotivation.

Strategische Allianzen

Das, worüber Sie gerade gelesen haben, nennen wir die interne Synergie: Datenfluss zwischen Kollegen innerhalb des Unternehmens. Ein ebenso großes Umsatzpotenzial liegt in externen Synergien: strategische Allianzen. Jeder kennt Einkaufs-Kooperationen und deren Kosteneinsparungseffekt, der bis zu dreißig Prozent (je Posten) und darüber liegen kann. Dasselbe Potenzial halten andere Kooperationen für Sie bereit. Sie werden lediglich seltener genutzt. Auch ein Nutzen für Sie – so ist es leichter, einen Wettbewerbsvorteil zu erringen.

Wenn Sie das Buch aufmerksam gelesen haben, ahnen Sie vielleicht, wo sich eine strategische Allianz geradezu anbietet: beim Empfehlungsmarketing. Nach dem Prinzip „manus manum lavat" (eine Hand wäscht die andere) wird vereinbart: Empfiehlst du mich, empfehle ich dich. Sehr beliebt zum Beispiel zwischen Wasch- oder Spülmaschinen-Herstellern und den Herstellern der jeweiligen Reinigungsmittel. Oder zwischen Kfz-Herstellern und Schmiermittel-Konzernen. Das kostet praktisch nichts (mal abgesehen vom gegenseitig ausgetauschten Werbe-Material) und bringt jedes Jahr eine hübsche Anzahl Neukunden.

Auch die Verkaufs-Kooperation bringt bares Geld. Ein Computer-Händler in einer deutschen Großstadt verkauft seinen Kunden gleich den passenden Bürostuhl – gegen Provision vom Büromöbel-Händler, der seinerseits bei seinen Kunden die Wartungsverträge des EDV-Händlers verkauft. Das klingt alles sehr einleuchtend und umsatzträchtig, nicht? Warum nutzen es dann nur so wenige? Weil zur Einsicht die passende Aktivität fehlt.

Zum Beispiel auf Messen. Alle stehen auf ihrem Stand herum und warten drauf, dass etwas passiert. Der EDV-Händler ließ seine Standmannschaft zwei Stunden täglich mit allerlei Aufträgen über die Messe gehen. Nach der Messe hatte er zwei Empfehlungs- und eine Verkaufs-Allianz. So einfach ist das. Wenn man es tut. Und wenn man es kann. Auf einem unserer Messestände standen übrigens schon mal zwei BMW-Motorräder dekorativ im Ambiente. Ein Blickfang zu unserem Nutzen und eine kostenlose Werbefläche für BMW. Kooperieren heißt: präsent sein über die bisherigen Möglichkeiten hinaus.

Allianzen warten überall auf Sie. Halten Sie die Augen offen und gehen
Sie sie an.

Wissen Sie, woran dieser simple Umsatz-Trick scheitert? „Ach was",
sagt ein Geschäftsführer, „wer soll denn außer uns unsere Spezialma-
schinen empfehlen oder vertreiben?" Da spricht die nackte Schwellenangst (und dahinter vielleicht die mangelnde Identifikation mit den
eigenen Produkten?). Einer seiner Regionalleiter ist da weniger introver-
tiert. Er fragt seine Verkäufer regelmäßig: „Sperrt die Augen auf! Wo
passt unser Produkt noch rein? Wer könnte noch für uns verkaufen oder
zumindest werben oder empfehlen? Welcher Kooperationspartner
könnte uns zusätzlichen Drive geben?" Das ist die richtige Einstellung.

Wer eine Allianz eingeht, kommt kostenlos zu neuen Verkäufern:
geschenkte Verkäufer. Und es ist weitaus einfacher, eine Allianz anzu-
kurbeln, als die meisten annehmen. Sie müssen lediglich fragen und mit
den Leuten reden. Gerade weil es bislang so wenige machen, haben Sie
die besten Chancen. Denn eine Allianz ist eine typische Situation des
gemeinsamen Wachstums.

☑ CHECKLISTE – Synergien

Mit welchen Werkzeugen unterstützen Sie den Erfahrungsaustausch zwischen Verkäufern

❏ innerhalb der Regionen?

❏ zwischen den Regionen?

❏ Welche informelle Treffen fördern Sie?

❏ Womit?

❏ Welche formelle Gelegenheiten haben Verkäufer, sich auszutauschen?

Sind die schriftlichen Unterlagen für den Verkauf der Zielgruppe angepasst in

❏ Umfang (keine Romane)?

❏ Stil (lebhaft, nicht trocken)?

❏ Komplexität (einfach, nicht technokratisch)?

Sind sie vollständig, das heißt, enthalten sie

❏ Produkteigenschaften?

❏ Produktvorteile?

❏ Alleinstellungsmerkmale?

❏ zielgruppenspezifische Kaufmotive?

❏ zielgruppenspezifische Nutzenargumente?

❏ zielgruppenspezifische Behandlung der häufigsten Einwände?

❏ Halten Sie unsinnige, technküberfrachtete und kundendesorientierte Unterlagen von Ihren Verkäufern fern?

❏ Haben Sie ein Trainingsprogramm „Lernen von den (ex- oder intern) Besten" installiert?

❏ Gibt es einen Newsletter mit aktuellen Verkaufstipps aus der Praxis (nicht überwiegend aus der Vertriebsleitung) für die Praxis?

❏ Setzt Ihr Einführungsprogramm für neue Verkäufer die Methoden Training, Mentoring, Begleitung, Jour fixe, Zielvereinbarung flexibel und individuell ein?

❏ Welche strategischen Allianzen streben Sie in diesem Jahr an?

„Die Zukunft hat viele Namen:
Für die Schwachen ist sie das Unerreichbare,
für die Furchtsamen das Unbekannte,
für die Tapferen ist sie die Chance."
Victor Hugo

12 Wie viele Potenziale zapfen Sie an?

Passive, aggressive, offensive Strategie

Sie haben inzwischen elf sichere Umsatzpotenziale kennengelernt. Wie viele davon schöpfen Sie bereits aus? Wie viele stehen noch offen? Warum? Warum immer noch? Weil es eine Sache ist zu wissen, wo Geld auf der Straße liegt, und eine andere, es tatsächlich aufzuheben. Es ist eine Sache der Strategie.

✓ **TIPP** ————————————————————————————————————

Wie gut Sie offenstehende Umsatzpotenziale nutzen können, hängt von Ihrer Marktstrategie ab.

Wer passiv verkauft, also hinterm Tresen sitzt und auf Kundschaft wartet, Stammkundschaft pflegt und für die Neuakquise auf die Eigenaktivität der Kunden setzt, wird mit den elf Umsatzpotenzialen wenig anfangen können. Warum auch sollte er sich bis zur Straße bücken? Das Geld, das heißt die Kunden kommen doch auch von selbst. Diese Einschätzung hat meist wenig mit der Realität gemein. Es gibt Unternehmen, ehemalige Branchengrößen, Quasi-Monopolisten und Konzerne, aber auch Banken, Versicherungen und Versorgungsunternehmen, die glauben das noch immer. Weil es früher einmal so war. Heute ist es jedoch nicht mehr so. Doch liebgewonnene Verkaufsstrategien ändern sich langsamer als die Realität. Der Mensch und erst recht der organisationale Mensch ist ein Gewohnheitstier.

Wer aggressiv verkauft, kann mit den elf Potenzialen auch nicht besonders viel anfangen. Wozu sich empfehlen lassen? Hard Selling ist da

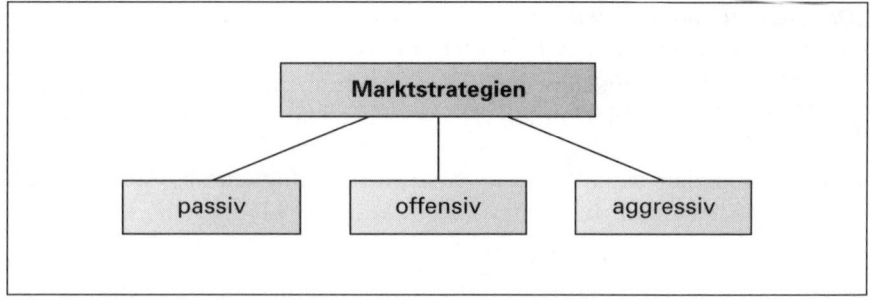

allemal besser. Wir gehen raus zum Kunden und verkaufen knallhart ab, was raus muss. Dass der Kunde nach dieser traumatischen Win-Lose-Situation nie wieder bei uns kauft, interessiert nicht. Die Beziehung (und der Nachfolgekauf) ist beim Hard Selling nicht wichtig. Wichtig ist der Deal, der Abschluss, der Sieg über den widerspenstigen Kunden.

Es mutet seltsam an, doch die meisten Unternehmen schwanken zwischen diesen beiden Extremen: passiv und aggressiv. Eine offensive Strategie fahren bislang noch wenige. Offensiv verkaufen heißt, ständig in Bewegung, ständig beim Kunden zu sein. Aber nicht aggressiv das zu verkaufen, was weg muss, sondern das, was der Kunde braucht. Die Beziehung pflegen, auch wenn gerade kein Auftrag ansteht, dauernd den Nachfolgeauftrag, die Empfehlung, die Kooperation, die Kundenbindung, neue Zielmärkte und Großaufträge im Visier haben.

Unternehmen, Topmanager, Geschäftsführer, Vertriebs- und Verkaufsleiter und Verkäufer mit offensiver Marktbearbeitungsstrategie benötigen die elf Umsatzpotenziale auch nicht – wenigstens nicht in Buchform. Sie kommen alle von allein drauf. Eben weil sie den Markt offensiv bearbeiten. Da kommt man zwangsläufig irgendwann auf die Idee, sich empfehlen zu lassen, einen großen Coup zu landen, Grenzsituationen zu meistern ...

Wenn Sie wie viele Unternehmen und Manager auf dem Weg zu einer offensiven Marktbearbeitung sind, werden Sie am meisten von den elf Potenzialen profitieren. Sie weisen Ihnen den Weg zu einer offensiven Marktbearbeitung. Ein Weg, auf dem Sie einigen Hindernissen begegnen werden.

Es gibt nichts Gutes, außer Sie tun es

Sie kennen die elf Umsatzpotenziale. Sicher haben Sie schon einige Male versucht, das eine oder andere anzuzapfen. Dabei werden Ihnen unter anderem vier Haupthindernisse begegnet sein. Wie stark Sie offene Umsatzpotenziale anzapfen, hängt von Ihrer Fähigkeit ab, diese Hindernisse zu überwinden. In zwei Worten: Change Management.

Das erste Hindernis auf dem Weg zur offensiven Verkaufsstrategie ist die Kluft zwischen Theorie und Praxis. „Ja, natürlich", sagt eine Innendienstleiterin. „Wir könnten mit einem gut durchdachten Empfehlungsmarketing unserem Außendienst erheblich unter die Arme greifen. Wir müssen das unbedingt auf den Weg bringen." Das sagte sie vor einer Woche. Vor einem Monat auch schon. Und vor einem Jahr. Ein typisches Phänomen. Wir könnten nun ein wenig über die philosophischen Aspekte der Massenträgheit des Kollektivbewusstseins diskutieren. Oder einfach Kästner zitieren: Es gibt nichts Gutes, außer man tut es.

Wenn Spitzenmanager oder Spitzenverkäufer ein Marktpotenzial entdecken, gibt es nichts, was sie davon abhalten könnte, dieses Potenzial zu erschließen. Und Gnade dem Narren, der sich zwischen sie und ihr Ziel stellt! Vielleicht gehört die Innendienstleiterin einfach nicht zu dieser Elite ...

✓ **TIPP** ─────────────────────────

> Hören Sie irgendwann auf, über offene Potenziale nachzudenken, und nehmen Sie sich den Turnschuh-Werbespruch zu Herzen: „Just do it!"

Eine kleine Initiative in Richtung Markt und Potenzial ist immer noch besser als der beste Plan. Irgendwann müssen Sie über Ihren Schatten springen, ein Projektteam bilden, den Kick-off treten und mit Ihrem Team realistische Meilensteine vereinbaren. Wenn Sie das Potenzial wirklich zur persönlichen Herausforderung machen, ordnen Sie alles andere automatisch dem großen Ziel unter.

Ein zweites Hindernis beim Anzapfen von Marktpotenzialen ist das politische Kalkül und die Angst vor Ablehnung. Natürlich möchte man einen neuen Großkunden, aber was sagt da die Fertigung dazu? Die ist sowieso seit Monaten schlecht auf uns zu sprechen. Also vielleicht ein anderes Mal. Dieses andere Mal kommt nie.

Wenn Sie wirklich von einem Umsatzpotenzial überzeugt sind, treten Sie in interne Verhandlungen ein und verlassen Sie diese erst, wenn der Sättigungspunkt der Verhandlung erreicht ist.

Nur wenige Topmanager und Verkäufer scheitern beim Anzapfen neuer Potenziale, die meisten geben (zu früh) auf. Wenn Sie aufgeben, dann zum richtigen Zeitpunkt. Werfen Sie die Flinte nicht ins Korn, wenn Sie unternehmensintern auf Widerstände stoßen. Rechnen Sie damit, dass Ihr Vorschlag, das Geld auf der Straße aufzuheben, nicht mit Begeisterung, sondern zunächst mit Skepsis bis Ablehnung aufgenommen wird. Bereiten Sie sich folgerichtig schon auf Verhandlungen vor, bevor Sie Ihren Vorschlag publik machen. Treiben Sie diese Verhandlungen bis zum Toten Punkt voran. Dann nehmen Sie noch einen Neuanlauf. Und erst wenn danach die Betonfraktion im Unternehmen immer noch die Oberhand behält, können Sie das Geld auf der Straße liegen lassen. Doch das passiert selten. Denn die Betonfraktion ist längst nicht so gut auf die Verhandlungen vorbereitet wie Sie.

Das dritte Hindernis beim Anzapfen offener Marktpotenziale ist die technische Seite. Die meisten Führungskräfte haben kaum Ahnung von Empfehlungsmarketing, von der psychologisch-taktischen Behandlung von Verkäuferängsten, vom Aufbau strategischer Allianzen. Woher auch? Das lernt man weder im BWL-Studium noch im Verkaufsalltag.

Daher auch die erschreckenden Missverständnisse wie: „Die Kunden werden uns schon empfehlen, wenn sie zufrieden sind." Oder: „Meine Verkäufer sind grenzstabil!" Oder: „Dieser Kunde ist zu groß für uns!" Doch zumindest dieses Hindernis ist kein Problem mehr für Sie. Sie haben das Buch ...

Das vierte und (meist) letzte Hindernis ist das mangelnde Durchhaltevermögen. Der Außendienst einer Druckerei versucht es im Januar 1999 mit der Schaffung von Synergie. Ein vierteljährlicher Erfahrungsaustausch wird installiert, Moderatoren ausgebildet, ein Newsletter gedruckt. Im Juni wird das Projekt sang- und klanglos begraben. „Zu geringer Nettonutzen", sagt der Vertriebsdirektor. Im Erfahrungsaustausch jammerten die Verkäufer nur über die schlechten Arbeitsbedingungen, die Moderatoren saßen hilflos daneben und den Newsletter las niemand.

Im Oktober 1999 entdeckt der Assistent der Vertriebsdirektion Seltsames. Es haben sich vier Regional-Verkäufertreffen gebildet, die sich seit

Juli dreimal getroffen haben. Und es hat sich eine E-Mail-Börse für den Austausch von Verkäufer-Tipps zu einer besonders problematischen Produktreihe etabliert. Moral von der Geschichte: Wer zu früh abbricht, der verpasst was. Anstatt die Rückschläge wegzustecken und aus den Fehlern der ersten Monate zu lernen, legte der Direktor das Umsatzpotenzial lieber lahm. Offensichtlich verfügt er über weniger Change-Kompetenz als seine Verkäufer. Nicht gerade eine Karriere-Empfehlung.

✓ **TIPP**

> Auch für das Change Management gilt: Bis zum Sättigungspunkt gehen – dann erst können Sie ruhigen Gewissens abbrechen.

Der Sättigungspunkt beim Change Management ist einfach zu ermitteln: Wenn alles schief läuft und alles, was Ihnen darauf noch an Alternativen oder Auswegen einfällt, auch schief läuft und Ihnen nichts mehr einfällt und gleichzeitig die bislang aufgelaufenen Kosten eindeutig die Gewinnerwartungen Ihres Vorhabens übersteigen, dann können Sie guten Gewissens aufgeben. Sie können sicher sein: Dazu wird es nie kommen. Denn wenn Sie alles probieren, was Ihnen einfällt, erreichen Sie Ihr Ziel, zapfen Sie das Marktpotenzial an und fahren Ihren wohlverdienten Umsatz ein.

Wenn Sie auch nur eines der elf Umsatzpotenziale mit genügend Ausdauer anbohren, und sich von Anlaufschwierigkeiten nicht schrecken lassen, wird Ihr Umsatz deutlich in die Höhe gehen. Realisieren Sie gar mehrere, wird es einen richtigen Ruck nach vorne geben. Und wenn Sie sämtliche elf Umsatzpotenziale mitnehmen, werden Sie Ihr Unternehmen und Ihre Verkaufszahlen nicht wiedererkennen.

In diesem Sinne: viel Erfolg beim Anzapfen der Umsatzpotenziale!

Literaturhinweise

Zehn weiterführende Titel mit kurzer Erläuterung

Hans Christian Altmann: Kunden kaufen nur von Siegern. Die besten Verkaufs- und Motivationsstrategien für mehr Erfolg im Außendienst. Landsberg am Lech, 1998
> Die Erfolgsfaktoren der Grenzstabilität, des Breitband-Verkaufs und der Permanenten Akquisition werden anhand von detailliert recherchierten Erfolgsgeschichten realer Verkäufer präsentiert.

Ivan R. Misner: Marketing zum Nulltarif. Mit Networking und Empfehlungsmarketing zu neuen Kunden. Landsberg am Lech, 1999
> Die Bibel des Empfehlungsmarketings.

Philippe Korda: Nicht um jeden Preis. Verhandeln mit Profit. Zürich, 1999
> Ein Verkaufsbuch, das den Verkäufern das Rechnen und damit die Preisstabilität selbst in harten Verhandlungen beibringt.

Kevin J. Clancy, Robert S. Shulman: Erfolgs-Killer. Marketingmythen, die Ihr Geschäft ruinieren können ... und wie Sie sich dagegen wehren. München, 1995
> Räumt mit den häufigsten Irrtümern bei der Marktbearbeitung auf.

Gabriele und Hans Stöger: Es muss ja nicht gleich Liebe sein. Besser verkaufen mit Glaubwürdigkeit und Sympathie. Zürich, 2000
> Ausgezeichnete Darstellung erfolgreicher Verhaltensmuster über sämtliche Phasen des Verkaufsgesprächs.

Dieter A. Sonnenholzer: Mitarbeiter-Reanimation. So fördern Sie Motivation, Eigenverantwortung und unternehmerisches Denken. Frankfurt/New York, 1999
> Beschreibt die Aktivierung sämtlicher Mitarbeiter für die clevere Umsatzoffensive.

Martin Seligman: Pessimisten küsst man nicht. Optimismus kann man lernen. München, 1993

Einzige wissenschaftlich fundierte Darstellung des für Grenzstabilität und langfristigen Verkaufserfolg gleichermaßen ausschlaggebenden Persönlichkeitsfaktors: konstruktive Erklärungsmuster.

Cornelia Topf: Körpersprache und Berufserfolg. Bewerbungsgespräche – Umgang mit Kollegen – Chefs und Mitarbeiter, Meetings – Freie Rede und Präsentation – Kundenkontakte. Niedernhausen/Ts., 1999

Praxisorientierte Darstellung überzeugender Körpersignale bei Kundengesprächen, Meetings, Reden ...

Arthur L. Williams: Das Prinzip Gewinnen. Tun Sie alles, was Sie tun können, und Sie werden alles erreichen! Landsberg am Lech, 1998

Eines der Standard-Bücher für die persönliche und geistige Ausbildung des Verkäufers.

George Walther: Sag, was du meinst, und du bekommst, was du willst. München, 1996

Klassiker der angewandten Rhetorik und der an Erklärungsmustern orientierten Dialogführung.

Der Autor

Dieter A. Sonnenholzer BDVT ist seit über zehn Jahren als Unternehmensberater und Trainer für namhafte Unternehmen tätig. Dabei legt er besonderen Wert auf ganzheitliche Strategien in Vertrieb und Management. In seinem Institut in München bildet er erfolgreich Unternehmensberater und Trainer in den Bereichen Verkauf, Kommunikation und Management mit der Qualifikation zum „BDVT geprüften Trainer und Berater" aus. Seine Seminare sind durch hohe Praxisorientierung und lebendige Darstellung geprägt.

Wenn Sie Kontakt mit dem Autor aufnehmen möchten, wenden Sie sich bitte an:

Sonnenholzer Unternehmensberatung
Sonnenholzer PLUS Seminare
Gruber Straße 2

85551 Kirchheim bei München

Telefon   (089) 99 02 04 44
Telefax   (089) 99 02 04 45
E-Mail: sonnenholzer@sonnenholzer.de
Homepage: www.sonnenholzer.de

Die SALES PROFI-Bücher auf einen Blick

Harald Ackerschott
Strategische Vertriebssteuerung
Instrumente zur Absatzförderung
und Kundenbindung
2. Auflage 2000, 244 Seiten,
58,– DM

Lorenz A. Aries
Verkaufsoptimierung
Märkte gezielt bearbeiten –
Kunden systematisch gewinnen
1998, 248 Seiten, 68,– DM

Vinzenz Baldus
Wer dient, verdient!
Die Service-Strategie
für kundenorientierte Unternehmen
1999, 163 Seiten, 58,– DM

Alexander Christiani
Weck den Sieger in dir!
In sieben Schritten
zu dauerhafter Selbstmotivation
2. Auflage 2000, 280 Seiten,
58,– DM

Helmut Durinkowitz
Crash-Kurs für Verkaufsleiter
Vom Start weg
auf der Gewinnerseite
1999, 140 Seiten, 48,– DM

Josef H. Eiterer
**Leistungsgerechte Vergütung
für Verkaufsteams**
Mehr Motivation und Schlagkraft
für Ihre Verkaufsmannschaft
1997, 163 Seiten, 68,– DM

Nikolaus B. Enkelmann
Die Sprache des Erfolgs
Rhetorik und Persönlichkeit -
So stärken Sie Ihr Ich
2. Auflage 1998, 237 Seiten,
58,– DM

Klaus-J. Fink
Bei Anruf Termin
Telefonisch neue Kunden
akquirieren
1999, 120 Seiten, 38, – DM

Klaus-J. Fink
Empfehlungsmarketing
Königsweg der Neukunden-
gewinnung
2000, 132 Seiten, 38,– DM

Günter Greff
Das 1 x 1 des Telefonmarketing
Tele- und Internetservices
professionell einsetzen
2. Auflage 2000, 228 Seiten,
58,– DM

Wolfgang H. C. Junge/
Martina Junge
**Konflikte mit Kunden –
kein Problem!**
Wie Sie anspruchsvolle Kunden
zufrieden stellen und Reklamationen
erfolgreich behandeln
1998, 153 Seiten, 48,– DM

GABLER

Betriebswirtschaftlicher Verlag Dr. Th. Gabler GmbH, Abraham-Lincoln-Straße 46, 65189 Wiesbaden

Wolf W. Lasko
Stammkunden-Management
Strategien zur Kundenbindung
und Umsatzsteigerung
3. Auflage 1997, 325 Seiten,
58,– DM

Wolf W. Lasko
**Professionelle
Neukundengewinnung**
Erfolgsstrategien kreativer
Verkäufer
2. Auflage 2000, 216 Seiten,
58,– DM

Wolf W. Lasko/Iris Seim
Die Wow-Präsentation
72 Storys und Zitate
für Ihren mitreißenden Auftritt
1999, 217 Seiten, 68,– DM

Sabine Mühlisch
Mit dem Körper sprechen
Die Botschaften der Körpersprache
wahrnehmen, deuten und einsetzen
1997, 112 Seiten, 48,– DM

Hans-Peter Rentzsch
**Erfolgreich verhandeln
im weltweiten Business**
Die wichtigsten Regeln
für internationale Meetings
und Präsentationen
1999, 220 Seiten, 68,– DM

Hans-Peter Rentzsch
**Kundenorientiert verkaufen
im Technischen Vertrieb**
Erfolgreiches Beziehungs-
management im Business-
to-Business
1997, 215 Seiten, 68,– DM

Christian Sickel
Ohne Nutzen kein Verkauf
Wie Sie konkreten Bedarf ermitteln
und Einwänden gezielt begegnen
1999, 124 Seiten, 48,– DM

Günter Silberer/
Carsten Kretschmar
Multimedia im Verkaufsgespräch
Mit zehn Fallbeispielen
für den erfolgreichen Einsatz
1998, 223 Seiten, 68,– DM

Brian Tracy
Erfolg ist eine Reise
Der Weg zu Motivation
und Persönlichkeit
2000, 223 Seiten, 68,– DM

Brian Tracy
Das Gewinner-Prinzip
Wege zur persönlichen
Spitzenleistung
2. Auflage 1998, 287 Seiten,
68,– DM

Brian Tracy/ Frank M. Scheelen
Der neue Verkaufsmanager
Wie Sie mit Ihrem Team
den Durchbruch zur Spitze schaffen
1997, 224 Seiten, 68,– DM

Stand der Angaben und Preise:
1.4.2000
Änderungen vorbehalten.

GABLER

Betriebswirtschaftlicher Verlag Dr. Th. Gabler GmbH, Abraham-Lincoln-Straße 46, 65189 Wiesbaden